즐거운 한 해
보내세요!

만화로 배우는
조선 왕실의 신화

만화로 배우는 조선 왕실의 신화

초판 1쇄 발행 2022년 2월 18일
초판 7쇄 발행 2022년 3월 10일

지은이 우용곡 / **감수** 전인혁

펴낸이 조기흠
기획이사 이홍 / **책임편집** 최진 / **기획편집** 이수동, 이한결
마케팅 정재훈, 박태규, 김선영, 홍태형, 배태욱, 임은희 / **제작** 박성우, 김정우
교정교열 책과이음 / **디자인** 이슬기

펴낸곳 한빛비즈(주) / **주소** 서울시 서대문구 연희로2길 62 4층
전화 02-325-5506 / **팩스** 02-326-1566
등록 2008년 1월 14일 제 25100-2017-000062호

ISBN 979-11-5784-563-7 03900

이 책에 대한 의견이나 오탈자 및 잘못된 내용에 대한 수정 정보는 한빛비즈의 홈페이지나
이메일(hanbitbiz@hanbit.co.kr)로 알려주십시오. 잘못된 책은 구입하신 서점에서 교환해드립니다.
책값은 뒤표지에 표시되어 있습니다.

⌂ hanbitbiz.com facebook.com/hanbitbiz post.naver.com/hanbit_biz
youtube.com/한빛비즈 instagram.com/hanbitbiz

Published by Hanbit Biz, Inc. Printed in Korea
Copyright ⓒ 2022 우용곡 & Hanbit Biz, Inc.
이 책의 저작권과 출판권은 우용곡과 한빛비즈(주)에 있습니다.
저작권법에 의해 보호를 받는 저작물이므로 무단 복제 및 무단 전재를 금합니다.

지금 하지 않으면 할 수 없는 일이 있습니다.
책으로 펴내고 싶은 아이디어나 원고를 메일(hanbitbiz@hanbit.co.kr)로 보내주세요.
한빛비즈는 여러분의 소중한 경험과 지식을 기다리고 있습니다.

만화로 배우는
·우용곡 글·그림 전인혁 감수·
조선 왕실의 신화

먼 옛날 글자를 만들던 사람이 있었다.

붓으로 획을 그어 세상을 나타내매…

선 하나를 그어 '하늘'을 가리키고

선 둘을 그어 '땅'을 가리키며

선 셋을 그어 '인간'을 가리키니

이 세 획을 관통하는 자를 '왕'이라 하였다.

 차 례

- 프롤로그   4

| 1화 | 신화의 탄생 | 15 |
| | 길례와 사전: 의례를 통한 통치의 실현 | 23 |

2화   국토의 신 국사, 곡식의 신 국직   29
       사직제 친행의 정치적 성격   39

3화   토지의 신 후토 구룡씨   45
       후토신의 신앙 변천 과정   55

4화   오곡의 신 후직 희기   61
       후직 탄생신화 깊이 읽기   72

5화   유교의 귀신   77
       유교에도 내세관이 있는 걸까?   84

6화   신이 된 제왕들, 종묘 정전   89
       국왕의 권위와 정통성의 표상, 종묘   98

7화   해동 육룡이 나르샤, 사대고조   103
       영녕전에 모셔진 사연 많은 임금들   114

8화   국가와 백성의 수호신, 공신과 칠사   119
       종묘 속 또 다른 사당 공민왕 신당을 아시나요?   129

9화   농사의 신 신농씨   135
       설렁탕은 선농제에서 유래한 것일까?   145

10화   양잠의 신 서릉씨   151
       성세의 재현을 꿈꾼 영조, 정순왕후의 친잠례를 기획하다   160

11화   날씨의 신 풍운뇌우   165
       기우의례 속에 나타난 주술성과 도덕성   173

12화	**명산대천과 성황신**	179
	유교와 무속이 충돌한 종교 권력의 현장, 성황사	187
13화	**악 해 독**	193
	산천 제례의 국가 제례 편입과 운영	200
14화	**우사단의 여섯 신**	205
	기우제의 현장, 우사단	213
15화	**문선왕과 제자들**	219
	소상으로 모셔진 공자를 대하는 어느 유학자의 시선	227
16화	**동국 18현**	233
	도통과 문묘종사: 조선을 이해하는 또 하나의 키워드	241
17화	**단군왕검**	247
	민족의 시조 단군 인식의 발전상	253
18화	**문명의 상징, 기자조선**	259
	인류 보편 문명의 전수자, 기자	267
19화	**역대 시조묘**	271
	건국 시조를 기억하는 공간, 역대 시조묘	282
20화	**관우와 전쟁의 신**	287
	관왕묘 제례와 '충'의 강조	295
21화	**영성과 노인성**	301
	별에 대한 제사, 영성제와 노인성제	311
22화	**말(馬)의 신**	317
	마제와 둑제의 여러 모습	327
23화	**여제와 무사귀신**	333
	재난을 방지하던 제사, 여제	341
24화	**대한제국의 신들**	347
	미완의 제국과 함께 미완으로 남은 예서, 《대한예전》	357

- **에필로그**   360
- **참고문헌**   362

유교의 나라 조선···

조선 왕실에서는 여러 신을 모시고 있었다.

| 하늘에 있는 천신(天神) | 땅에 있는 지기(地祇) | 사람에게 있는 인귀(人鬼) |

그들은 누구였을까?

기본적으로 유교는 무신론이 아니었기에
유교를 받아들인 국가는 여러 신에게 제사를 지냈다.

다만 같은 유교를 받아들였어도 지리적 위치나
국제 외교 관계에 따라서 모시는 신이 모두 달랐는데

이는 제사를 지내는 '사람' 혹은 '왕조'의 계급에 따라
모실 수 있는 신이 달라지는 유교의 특성 때문이다.

조선의 경우 개국 초기부터
조선식 사전(祀典)체계를
마련하여 어떤 신을 모실지
결정했고

《세종실록》오례의

《경국대전》예전

그 결과 우리나라의 위인부터 중국 고사 속 성현에 이르기까지
다양한 신과 인물에게 제사를 지내게 되었다.

그럼 본격적으로 조선의 신들을 만나기 전에
잠시 과거로 돌아가보자.

동양 삼교(유교, 불교, 도교)가 탄생하기 이전,

원시 신앙이
싹틀 무렵으로…

먼 옛날 인류는 수렵과 채집을 하며
먹을 것을 찾아 떠돌아다녔다.

그러다가 자원이 풍부한 곳을 발견하면 눌러앉았는데

그런 사람들이 하나둘씩 모여서 원시 집단을 형성했다.

그런데 인구가 늘어나면서 여러 가지 문제가 생겨났으니···

각종 인재와 자연재해가 인류를 덮쳐온 것이다.

인류는 여러 사건을 겪으면서 두려움에 떨었고
미지의 공포 속에서 초월적인 존재들을 상상했다.

인류가 겪어온 다양한 경험은
후대의 상상력과 합쳐져 수많은 이야기를 만들어냈는데

이 과정에서 신들의 이야기가 담긴 '신화'가 탄생했다.

이후 시간이 흘러 인간 세상이 복잡하게 바뀌자
신화 또한 변화하기 시작했다.

여러 집단이 흥망성쇠를 반복하며 하나의 국가로 발전했고

신화 또한 하나의 집단이 망하면 어디론가 흡수되거나 사라졌다.

이렇게 발전한 신화들은 원시 신앙을 넘어
체계화된 종교로 발전했는데

동양에서는 대표적으로 유교, 불교, 도교 등이 있다.

그중 유교는 고대 중국 신화에서 출발한 것을
공자가 계승하고 정리하여 체계화한 것인데

이 때문에 '유교 신화'에는 '중국 신화'가 포함되어 있고
봉건사상을 비롯한 고대의 문화 또한 반영되어 있어
현대인의 사고방식으로는 이해하기 힘든 부분이 많다.

하지만 이를 다르게 생각해보면, 신화를 살펴봄으로써
옛사람들의 사고방식을 알아낼 수 있다는 뜻도 된다.

이처럼 시대별로 향유하던 종교나 철학에 따라
사회의 법과 제도 및 인간의 사고방식이 크게 달라지므로

조선의 제사와 관련된 유교 신화를 살펴본다면
당시의 문화와 사고방식을 이해하는 데 분명히 큰 도움이 될 것이다.

길례와 사전
: 의례를 통한 통치의 실현

　유교가 정치 이념으로 중시되면서 조선 왕조는 개국 초부터 유교의 보급과 확산을 위해 많은 노력을 기울였다. 그 가운데 가장 시급했던 과제는 국가와 왕실에서 거행하는 의례, 특히 의례의 실제 행사 가운데서도 국왕을 주인공으로 하는 제사 의례 정비를 통한 국왕 중심 통치 질서 확립이었다. 이는 결과적으로 국가 의례를 총칭하는 '오례(五禮)'와 그중 '길례(吉禮)'로 불리는 제사 의례 정비로 나타났다.

　유교에서 제사라는 행위는 자기 자신이 아니라 공동체를 위해서 행하는 것이었다. 즉 국왕이 종묘와 사직을 비롯해 국내의 각종 천신(天神), 지기(地祇), 인귀(人鬼)에게 제사를 지내는 것은 자기 자신이 아닌, 조선이라는 거대한 공동체를 위해 '예(禮)'로써 행하는 의식이었다. 이러한 인식 아래 조선시대의 모든 제사는 국왕이 거행하는 국가 제례(國祭)뿐만 아니라 지방관들이 행하는 주현제(州縣祭), 일반 사대부 및 서민이 집에서 행하는 가제(家祭)에 이르기까지 공동체를 위하여 지내는 행위라는 부분이 지속적으로 강조됐다.

국가 제례, 즉 길례는 중요도에 따라 대사(大祀), 중사(中祀), 소사(小祀)로 나뉘었는데, 이들 대상은 앞서 언급한 천신, 지기, 인귀로 나뉘어 파악됐다. 천신에 대한 제사를 '사(祀)', 지기에 대한 제사를 '제(祭)', 인귀에 대한 제사를 '향(享)'으로 표현한 것은 이러한 의식의 발로였으며 실제 제례 현장에서도 각각 상당한 차이가 있었다.

또한 길례는 국가에서 각종 예와 관련된 제도 전반을 기록한 사전(祀典)에 수록되는데, 사전의 등장과 이를 근거로 한 국가 제례 거행은 곧 유교식 예제를 전면에 내세우고 종래부터 내려오던 불교와 도교 행사 및 전통 제사를 축소 혹은 폐지함을 의미했다. 이는 즉시 반발을 불러일으켰고 전통과 유교 의례 사이에 절충적인 형태의 예제가 성립되는 계기가 됐다.

그러나 성리학적 이해가 심화하면서 전통 제사를 유교적 가치관에 부합되지 않는 '음사(淫祀)'로 규정하자, 사전에서 삭제되거나 유교적 제사 의식으로 대체되는 제사도 더러 생겨났다.

조선 왕조는 세상의 모든 신을 제사 지내지 않았다. 제사 대상이

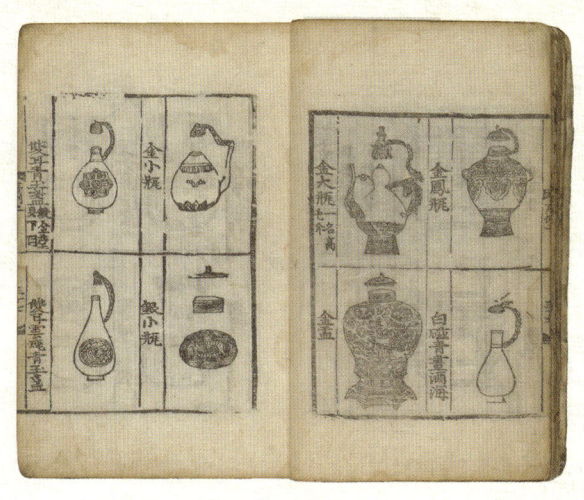

《국조오례의서례(國朝五禮儀序例)》ⓒ국립중앙박물관

되는 신은 전통적인 가치에 근간한 '영험성'이 아닌 '인간의 삶과 국가의 통치에 공이 있고 모범이 될 덕(功德)'을 바탕으로 선정됐다. 여기에는 인류를 이롭게 한 성스러운 임금부터 백성을 훌륭히 교화한 자, 절의를 지켜 후세에 모범이 된 자 등이 포함된다. 또한 만물을 낳고 기르는 하늘과 땅은 물론, 비와 구름을 내리고 인간 생활에 필요한 재화를 내리는 각종 자연신도 포함된다. 국가를 유지하거나 백성의 삶을 이롭게 하는 데 도움이 되고, 인간의 가치를 실현하는 데 모범이 될 자들을 신으로 모셔 그 공덕을 기억하고 감사했다.

유교는 전통적으로 토지와 농사를 매우 중요하게 생각했다.

나라의 근본은 백성이고, 백성을 먹여 살리려면 식량이 필요했으며

식량을 얻으려면 농사를 지어야 했으니 농업을 관리하는 것은 응당 나라의 근본이 달린 중요한 임무였던 셈이다.

그래서 유교를 받아들인 국가들은 한 해의 풍년을 기원하며
땅의 신령인 지기(地祇)에게 제사를 지냈다.

가장 대표적인 예로 사직(社稷)이라는 제사가 있었다.

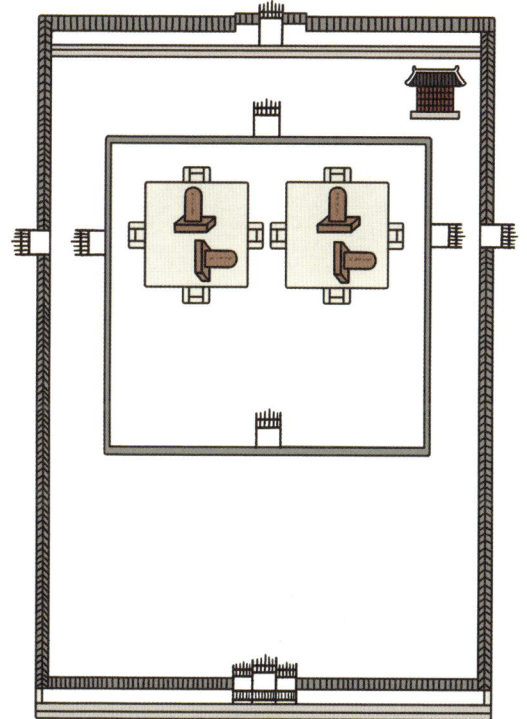

영화나 드라마를 많이 본 사람이라면
'종묘사직'이라는 단어를 한 번쯤 들어봤을 텐데,

'종묘'란 역대 왕과 왕후의 신주(神主)를 모신 사당을 뜻하고

'사직'은 토지의 신 '사(社)'와 곡식의 신 '직(稷)'을 뜻한다.
그러므로 '종묘사직'이란 곧 왕실과 국가를 의미하는 대명사였다.

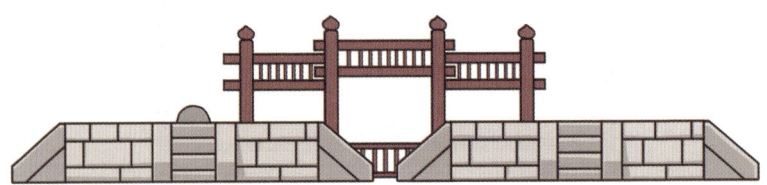

2화
국토의 신 국사,
곡식의 신 국직

'사직'은 고대 은나라 갑골문에 나타날 정도로
아주 오래된 신들이다.

중원의 여러 왕조는 사직의 존망이 나라의 존망과 같다고 생각했고

한나라 때부터 그 중요성을 인정받으며 단순한 지역 신화를 넘어
동북아시아 국가들의 통치 제도로 발전했다.

특히 사직은 민생과 매우 밀접했기 때문에
많은 유학자들의 관심을 받았는데

그들은 유교 경전인 《주례(周禮)》의 예법에 따라
나라를 건국하면 종묘사직을 세울 것을 강조하였다.

유교 국가였던 조선도 그 영향을 받았기에
건국 초기부터 사직단을 만들어 4명의 신을 모셨는데,

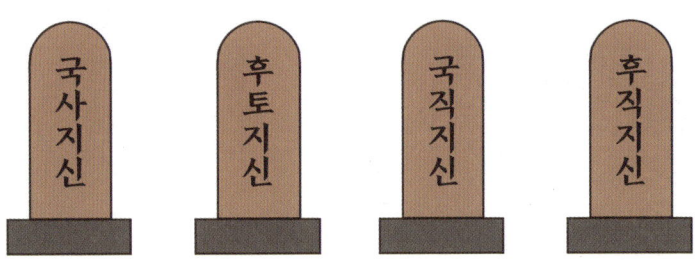

2개의 제단(사단·직단)에 각각
국토의 신 국사와 곡식의 신 국직을 주향하고
토지의 신 후토와 오곡의 신 후직을 배향했다.

이 4명의 신 가운데 사직은
국사와 국직을 의미하는데

국사는 '국토의 신'으로서
덕으로 만물을 품고
공으로 백성을
먹여 살리는 신이고

국직은 '곡식의 신'으로서
곡물을 길러 양육하고
농사가 잘되도록
복을 내려주는 신이다.

국사가 다스리는 땅은 왕실의 영토와 같았기 때문에
국토를 수호해달라는 의미로 제사를 지냈고

국직이 관장하는 곡식은 백성이 먹을 귀중한 식량이 되었기에
해마다 풍년을 기원하며 제사를 지냈다.

그런데 사직신을 그냥 '사'와 '직'이라고 칭하지 않고
'국(國)' 자를 붙인 이유가 있었으니···

《예기(禮記)》의 제법(祭法)을 보면
제사를 주관하는 사람의 신분에 따라 신들의 명칭이 달라짐을 알 수 있다.

즉, 조선은 제후국을 표방했기에
'국'을 붙여 국사와 국직으로 모시게 된 것이다.

또한 조선에서는 국사와 국직이 제일 높은 신이었고,
이 둘을 모시는 사직제가 가장 큰 제사였으나

유교 전체에서 보면 가장 높은 신은 사직신이 아니었으니···

유교의 일인자들은 땅에 사는 '지기'가 아니라
하늘에 사는 '천신'이었기 때문이다.

다시 말해, 조선의 경우에는 중국과의 외교 관계를 고려하여
천신제를 폐지했기에 그다음 격인
사직단의 지기들이 가장 높은 신으로 모셔진 것이다.

이러한 이유로 조선의 사직제는 중국의 사직제와 다르게
독특한 방향으로 발전할 수 있었으며

설상가상으로 다른 나라의 사직단은
모두 파괴되거나 사라졌기 때문에

현재 동북아시아에서 사직의 전통을 이어오는 나라는
한국밖에 남지 않게 되었다.

사직제 친행의
정치적 성격

   '사직(社稷)'은 토지신을 뜻하는 사(社)와 곡물의 신을 뜻하는 직(稷)을 합친 말이자 일정한 영토 내의 국가를 상징한다. 국가 자체를 상징하는 신을 모신 제단(祭壇)이었기에 이곳에서 거행된 제사가 조선에서 가장 중시됐던 것은 당연했다. 국왕이나 왕후가 죽음을 맞이해 온 나라가 애통해하는 국상(國喪) 기간에도 사직의 제사는 중단되지 않았을 정도다.

   그러나 이러한 위상에도 불구하고 사직에 대한 국왕의 관심은 높지 않았다. 조선 왕조 27명의 국왕이 사직단에 직접 제사를 올린 친행(親行) 기록은 총 97회로, 국왕 한 명당 평균 3.6회에 불과하다. 숙종, 영조, 정조 재위 기간에 친행이 집중되어 전체 97회 가운데 57회

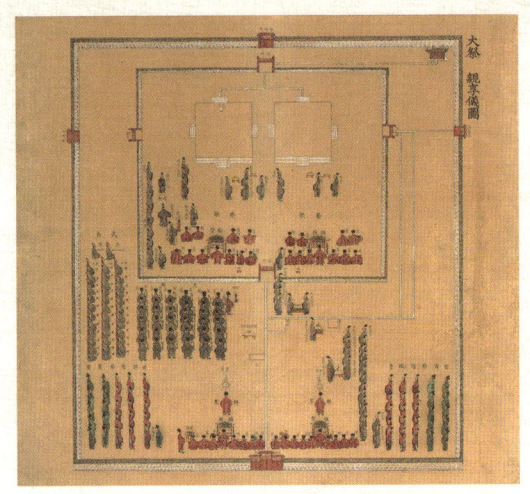

〈사직단 국왕 친향도 병풍(社稷壇國王親享圖屛風)〉ⓒ국립중앙박물관

(58.7%)가 몰려 있는 점을 고려하면, 이들 세 국왕을 제외한 다른 국왕의 친행 횟수는 훨씬 적었음을 알 수 있다.

사직제 친행은 정기적인 제사였던 춘향(春享), 추향(秋享), 납향(臘享) 등의 제사보다 대부분 비정기적 제사인 기곡(祈穀)과 기우(祈雨)를 목적으로 한 기고제(祈告祭)에 자주 행해진 것이 특징이다. 즉 기우제를 목적으로 한 제사가 43회로 전체의 거의 절반(43.3%)을 차지하고 있고, 정조 이후 정기 제사로 편입된 기곡제도 32회에 달한다.

국가 제례에 대한 국왕의 친행은 유교적 예치 이념을 실천한다는 사상적 의미도 지니면서 동시에 다분히 정치적 성격을 함축하고 있었다. 국가로 상징되는 토지, 곡식의 신인 사직에 대한 제사는 최고 권력자인 국왕만이 주재할 수 있었고, 이런 점에서 국왕의 친행은 신하들에게 권력의 정당성을 과시하는 역할을 했다. 그리고 친행 과정에서 드러나는 화려하고도 장엄한 국왕의 어가행렬(御駕行列)은 통치자로서의 위엄을 백성에게 각인시킨다는 효과가 컸다.

사직제 친행 횟수가 증가하면서 국왕이 백성과 직접 대면하는 일이 늘어났으며 제사 절차 및 사직제 전반의 정비 작업도 함께 진행됐다. 숙종이 사직제 친행을 거행하면서 1675년(숙종 1) 사직에 기우제를 지내고 환궁할 때 백성의 억울한 사정을 수렴한 상언(上言)은 이러한 조치 가운데 하나였다.

고대 중국인들은 천하를 아홉 구역으로 나누어
구주(九州)라고 불렀다.

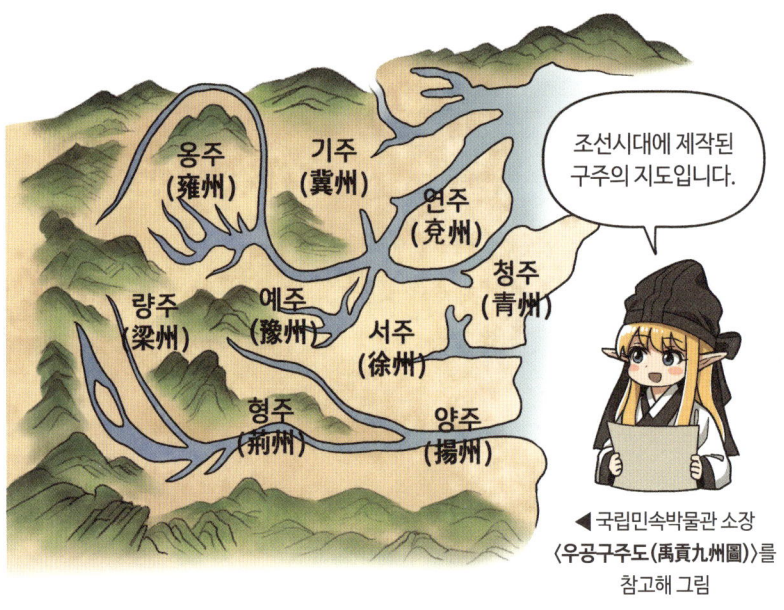

◀ 국립민속박물관 소장
〈우공구주도(禹貢九州圖)〉를
참고해 그림

구주에는 수많은 부족이 있었는데

각 부족은 구주를 차지하기 위해 다른 부족들과 빈번하게 전쟁을 일으켰다.

이러한 부족 간 전쟁은 신화에도 고스란히 반영되었고

이렇게 해서 신도 인간들처럼 구주를 제패하기 위해
전쟁을 벌였다는 이야기가 만들어졌다.

대표적으로 《상서대전(尙書大傳)》에 염제 신농(炎帝 神農)과
황제 헌원(黃帝 軒轅)의 전쟁이 기록되어 있다.

당시의 신들은 신농파와 헌원파로 갈라져 큰 싸움을 벌였는데

이때 한 영웅이 등장하여 기나긴 전쟁을 끝내고
유교의 신으로 받들어졌으니

그가 바로 구주를 평정했다고 전해지는
후토 구룡씨(后土 句龍氏)이다.

구룡은 신농의 후손이자 물의 신 공공(共工)의 아들로서
훗날 '후토 구룡씨'라고 불린다.

후토라는 것은 오행(五行) 중 토(土)를 다스리고
오방(五方) 가운데 중앙을 관리하는 신령을 뜻한다.

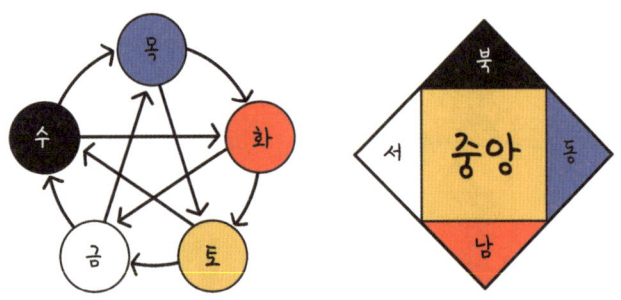

즉 구룡은 구주를 제패한 공로를 인정받아
'후토'라는 관직을 얻고 토지의 신으로 모셔지게 된 것이다.

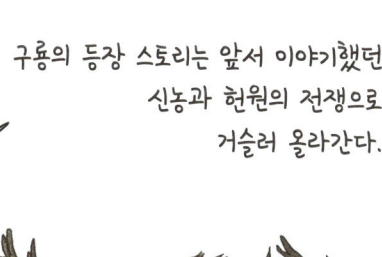

구룡의 등장 스토리는 앞서 이야기했던
신농과 헌원의 전쟁으로
거슬러 올라간다.

아득히 먼 옛날, 신농과 헌원이
판천(阪泉)이라는 곳에서
크게 싸웠는데

ㅌㅌㅌ

전쟁은 결국
헌원의 승리로 끝났고
신농의 세력은
남쪽으로 쫓겨났다.

신농의 후손인 공공과 그의 아들 구룡도 쫓겨났는데···

인성이 더럽기로 유명했던 공공은 패배를 인정하지 못하고
헌원의 후손인 전욱 고양씨(顓頊 高陽氏)에게 싸움을 걸었다.

문제는 전욱 또한 인성이 좋지 않았기로 유명한 사람이었다는 것!
전욱은 공공의 도발을 참지 않고 맞받아쳤다.

전투는 전욱의 승리로 끝났는데,
패배한 공공은 분노를 참지 못하고
부주산(不周山)에 머리를 들이박았다.

그 바람에 하늘이 찢어지고 땅이 기울었으며 홍수가 일어나 수많은 사람이 죽었다.
창조신 여와(女媧)가 부서진 세상을 수리할 정도였다.

그리하여 부주산을 들이박은
공공의 이미지는
걷잡을 수 없이 추락했다.

창조신 여와

이에 공공의 자식인 구룡도 세상의 따가운 눈초리를 받게 되어
다른 신의 눈을 피해 지하 세계로 떠났다.

구룡의 발길이 닿은 곳은 저승을 뜻하는 유명세계(幽冥世界)로,
구룡은 이곳의 지배자가 되어 유도(幽都)를 다스리게 된다.

하지만 구룡은 여기서 만족하지 않았으니···
그는 아버지 공공이 이루지 못한 구주 제패의 꿈을 이루고 싶었던 것이다.

그러던 어느 날 구룡에게 희소식이 들려오는데…

헌원의 세력과 치우(蚩尤)의 세력이
서로 맞붙는다는 것이었다.

구룡은 이 기회를 놓치지 않았다.

구룡은 자신의 부하들을 이끌고 전쟁에 참전했는데

이게 웬일! 아버지가 이루지 못한 구주 제패의 꿈을 이루기 위해서 치우의 편이 아니라 헌원의 편에서 싸우기 시작했다.

구룡의 능력을 단번에 알아본 헌원은 구룡이 신농의 후손임에도 불구하고
그 재능을 높이 평가하여 자신의 보좌관으로 임명했다.

이후 헌원과 치우가 탁록(涿鹿)이라는 곳에서 맞부딪쳐 크게 싸우자
구룡은 커다란 도끼와 노끈을 사용해서 큰 전공을 세웠고

곳곳에서 저항하는 잔당을 직접 나서서 처리하며
비로소 구주를 평정하게 된다.

구룡은 그 공로를 인정받아 후토라는 관직을 얻었으며
오행에서 흙을 다스리는 토정(土正)이자
오방 가운데 중앙을 관장하는 신이 되었다.

이로 인해 훗날 동북아시아의 여러 국가가
후토 구룡씨를 토지의 신으로서 사직단에 모시게 된 것이다.

조선에서도 그 예법에 따라 후토에게 제사를 올렸으니,
그의 명성은 신화를 넘어 국가의 제도로 자리 잡게 된 셈이다.

후토신의 신앙 변천 과정

　국가 제례의 제사 대상인 토지신은 2가지 계열의 지기(地祇)로 나뉜다. 우선 국토(國土)나 향토(鄕土)같이 비교적 한정된 영역의 토지를 신격화한 영토신(領土神)인 '사신(社神)' 계열로, 각기 제한된 영역 내의 안정과 국가 혹은 성읍 단위 공동체의 번영을 수호하는 역할을 했다. 이러한 신들, 즉 국토의 신 또는 향리(鄕里)의 신은 '후토(后土)' '사(社)' '토공(土公)' '토신(土神)'으로 불렸다.

　이와 달리 자연물로서의 토지를 신격화한 것으로 만물의 탄생과 성장을 주관하는 역할을 수행한 토지신도 있었다. 이러한 지기는 주로 천신(天神), 즉 황천상제(皇天上帝)에 상대되는 개념이며, '토황(土皇)' '후토(后土)' '후토황지기(后土皇地祇)' '지모(地母)' 등으로 불렸다. 그러나 일반적으로 두 종류의 지기를 모두 합해서 부를 때 주로 '후토'라는 명칭이 관습적으로 사용됐다.

본디 후토는 사신(社神)으로 숭배되어 사(社)를 세운 주체의 신분에 따라 그 위계가 구분되는 영토적 개념에 머물고 있었으나, 한(漢)나라 무제(武帝) 시기에 이르러 개념이 바뀌기 시작했다. 이전까지 영토적 개념만 가지고 있던 토지의 신이 천신(天神)에 상대되는 개념으로 확대된 것이다. 기원전 113년 무제는 분음(汾陰)에 별도의 제사를 지낼 수 있는 시설을 설치하고 여기서 하늘의 신과 동일한 위격의 후토 제사를 지냈다.

무제의 후토 제사 개혁은 유학자들에 의해 후토와 천신 간의 관계를 재정립하고, 더 나아가 국가 제사 의례 전반의 확고한 원칙을 정립하는 것을 목적으로 진행됐다. 특히 무제 이후 원제(元帝) 시기 등용되어 조정을 장악하고 있던 유가(儒家) 계열 관리들이 주축이 되어 유교적 원칙에 입각한 매우 급진적이고 과격한 의례 개혁을 단행했다. 분음의 후토 제사 역시 이때 가차 없이 폐지됐다.

당나라의 측천무후(則天武后)는 황후로 등극한 뒤 봉선(封禪) 제사에 참여하여 자신의 정치적 입지를 굳히기 위해 사수산(社首山)에서 후토를 대상으로 거행하는 강선(降禪) 의례의 아헌(亞獻)을 맡았으며, 스스로 무주(武周)의 황제가 된 뒤에는 한나라의 분음 후토 제사를 부활시켰다. 이로 인해 후토는 다시금 위상이 급격하게 변동됐고 후토의 이미지 형성에도 큰 영향을 끼쳤다. 또한 이 시기에 민간에서 지모낭랑(地母娘娘)이라 불리던 후토를 모시는 사당이 각지에 다수 건설되면서 후토는 민간신앙에서도 확실한 위상을 차지하게 됐다. 당나라 후기 민간신앙 차원에서 후토 숭배가 번성했음을 가장 분명하게 보여주는 것이 회남절도사(淮南節度使) 고병(高騈)의 후토사(后土祠) 후원이다.

여신의 이미지로 나타난 후토의 초상
ⓒ 중국 베이징시 백운관(白雲觀) 소장

고병은 당나라 역사상 가장 거대한 규모로 일어난 반란인 황소(黃巢)의 난 진압에 앞장섰으나 반란 진압 후 당나라 조정은 그의 군권을 빼앗고 관직에서 물러나도록 하였다. 고병은 결국 조정에 대항하여 자신이 근거로 삼던 양주(揚州)를 기반으로 독자적인 세력을 구축하는 길을 걷게 되었다. 고병은 지역 출신 인사를 기용함과 동시에 그들에게 행정권과 군권을 담당토록 했으며, 지역민의 숭배를 받고 있던 후토신앙에도 후원을 아끼지 않았다.

결과적으로 고병이 구축한 세력은 내부의 반목으로 인해 종말을 맞이했지만, 고병의 후원으로 인해 더욱 격상된 후토의 위상은 중국 강남 지역사회에서 후토 숭배를 더욱 활성화하는 결과를 낳았다. 그러나 반란군 고병이 후원했던 후토를 조정에선 탐탁지 않게 바라볼 수밖에 없었고, 국가 제례 차원에서 후토는 천신의 하위로 존속하였지만 위상은 크게 하락했다.

이 시점에서 국가 제례에서 모시는 후토와 민간신앙에서 모시는 후토는 서로 분리되었으며, 특히 후자의 경우 다양한 이미지와 결합해 매우 다채로운 모습과 강렬한 생명력을 지닌 신으로 변화하게 되었다.

역성혁명(易姓革命)이란 성씨를 바꿔서
천명(天命)을 혁신한다는 뜻으로, 왕조의 교체를 의미한다.

중국에는 하나라 걸왕(桀王)과 은나라 주왕(紂王)을 내쫓은
탕왕(湯王)과 무왕(武王)의 역성혁명이 있고

한국에는 고려와 조선의 사례가 있다.

이렇게 왕조가 교체되면 국가에서 모시는 신들도 달라지는데

대표적인 예로, 하나라에서 구룡(句龍)과 주(柱)를 각각 토지의 신(후토)과 곡식의 신(후직)으로 모셨던 것이

은나라가 하나라를 무너뜨린 뒤, 곡식의 신 자리에 주를 빼고 희기(姬棄)로 교체한 사례가 있다.

아주 먼 옛날, 중원 땅에 유태씨(有邰氏)가 살았는데
그에게는 강원(姜嫄)이라는 아주 예쁜 딸이 있었다.

유태씨는 딸을 애지중지 키우며 소중하게 보살폈고
귀하게 자란 탓인지 강원도 집 밖으로 잘 나가려 하지 않았다.

그러던 어느 날, 강원은 잠시 볼일이 생겨서
어쩔 수 없이 바깥에 나갔다가 신기한 것을 발견하게 되는데…

그것은 엄청나게 거대한 발자국이었다.

그 크기에 놀란 강원은
발자국이 얼마나 큰지 가늠해보려고
자신의 발을 가져다 대보았다.

강원이 발자국에 발을 대던 그 순간…

이게 무슨 일인가! 강원에게 신비한 기운이 감돌더니
덜컥 임신을 해버리고 만다.

그러고는 얼마 안 가 출산을 하게 되었는데,
강원이 낳은 것은 사람이 아니라 이상한 살덩어리였다.

*감생설화(感生說話): 남녀의 결합이 아닌 특이한 계기나
 성스러운 물체의 정기를 받아 아기를 잉태한다는 내용의 설화

이를 본 유태씨는 불길하다며 살덩이를 버리라고 말했고

강원은 어쩔 수 없이 살덩이를 골목에 버렸다.
그런데 지나가는 동물들이 그것을 밟지 않고 피해 가는 것이 아닌가!

이를 보고 이상하다고 생각한 강원은
얼어붙은 강에 살덩이를 버리고 그것을 지켜보았다.

그때 새들이 날아와서 살덩이를 품기 시작했고,
얼마 안 가 그 속에서 아이가 태어났다.

이것을 본 강원은 아이가 범상치 않음을 느끼고 거두어 키웠는데,
여러 번 버렸다고 하여 '기(棄)'라는 이름을 지어주었다.

세월이 흘러 기는 무럭무럭 성장했다.

기는 어려서부터 농사에 재능을 보였는데,
놀 때도 각종 곡식의 씨앗을 모아 땅에 심으면서 놀았다고 한다.

기가 심은 곡식은 야생의 것보다 품질이 좋기로 유명했고,
직접 기른 과일은 하나같이 아주 탐스럽고 맛이 좋았다고 한다.

어른이 된 기는 농사법과 농기구도 직접 개발했는데…

농사를 짓고 싶다.
이미 짓고 있지만,
더 격렬하게
농사를 짓고 싶다.

단순히 농사가 좋아서 그랬던 걸까?
사실 기에게는 어릴 때부터 생각해오던 꿈이 하나 있었다.

당시 사람들은 농사보다 수렵과 채집에 더 익숙해서
식량을 구하지 못하면 굶는 게 일상이었다.

이것을 안타까워했던 기는 사람들을 먹여 살리기 위해
농사법을 전파하기로 마음먹었던 것이다.

그리하여 기는 고향을 떠나 구주를 돌아다니며
농사법을 전파하기 시작했다.

사람들은 처음부터 기를 신뢰하진 않았지만
기가 직접 농사를 짓고 작물을 수확하는 모습을 보여주자
곧 그를 따라서 농사를 짓기 시작했다.

기는 특히 사람에게 좋은 다섯 가지의 곡식(오곡)을 전파했고,
여러 가지 농기구 제작법 및 각 지역에 맞는 농사법을 가르쳤다.

기는 그렇게 수십 년 동안 농사법을 전파하고 다녔는데,
이 소식이 당시 중국을 다스리던 순(舜)임금의 귀에도 들어가게 된다.

순임금은 기의 능력을 높이 평가하며, 국가의 농업을 관장하는
후직(后稷)에 임명하고, 태(邰)의 땅을 봉하였다.

기의 공로로 그의 후손들은 태의 땅에서 번성했으며
성씨로 희(姬)씨를 사용하게 되었으니,

후직 희기(后稷 姬棄)의 후손들은
먼 미래에 주(周)나라를 세우는 주역이 된다.

한평생을 농사법 전파에 힘쓴 후직 희기의 업적은
후대의 다른 왕조들에게도 칭송받았고,

조선에 이르러서는 국사, 국직, 후토 등과 함께 사직단에 모셔졌으며,
농업의 신이자 오곡의 신으로 받들어지게 되었다.

후직 탄생신화 깊이 읽기

　후직은 곡물의 신이면서 주(周)나라의 시조로 모셔졌기에 앞선 사직의 다른 신들과는 달리 탄생신화가 전해 내려온다. 후직은 태어나서 세 차례나 버려지나 동물들의 보호를 받아 살아남았다. 주 왕실의 천자(天子)는 각국의 제후들과 신하들이 주기적으로 자신을 알현하러 올 때 회동하는 의례인 조회(朝會) 때, 후직의 기이한 탄생담과 그가 이룬 농경의 위업을 칭송했다.
　인간은 일찍부터 각 지역의 지형, 기후, 강우와 풍토에 잘 적응된 동물을 이용하여 적합한 곡식을 심어 거두는 농사의 지혜를 터득했다. 중국은 오래전부터 소를 이용한 우경(牛耕)을 했는데, 황하 유역의 중국 북부 지역은 춥고 건조하며 토양이 알칼리성이었기에 생장

중국 명나라 시기 인물 구영(仇英)이 그린 〈제왕도통만년도(帝王道統萬年圖)〉 중
후직이 사람들에게 농사를 가르치는 모습 ⓒ 대만 고궁박물원 소장

기가 짧은 기장이나 조, 콩과 같은 곡식을 재배하기에 적합했다. 그래서 기장(稷)은 주나라 사람들의 주된 곡물이 되었다. 소와 양이 후직을 보호했다는 신화 속 이야기는 황하 유역 북부의 농경문화 특성이 반영된 것으로 파악된다.

거친 야생의 땅을 일구는 과정은 농경문화 확립의 사전 작업이었다. 이 토대가 갖춰져야 비로소 사람들이 한곳에 정착해 농사를 짓는 비교적 안정된 생활을 영위할 수 있었다. 후직을 '넓은 숲속에 버렸더니 마침 사람들이 숲의 나무를 다 베어냈다'는 전승은 바로 농경문명 탄생의 바탕이 마련되었음을 가리킨다.

한편 하늘의 별자리뿐 아니라 우주의 움직임 전체가 고대 중국인들에게는 무언가를 말해주는 의미 있는 몸짓이었다. 특히 하늘을 날아다니는 새들은 하늘의 때를 알려주는 시간의 전령들이었다. 《상서(尙書)》에 기(棄)는 후직이라는 관직을 얻는 것으로 나타난다. 고대 세계에서 관직이란 신화와 풍속이 서로 만나 하나의 견고한 관념체계를 나타내는 것으로 이해됐다. 농경문명이 안정된 주거지와 경작지 확보 및 물의 관리에 더해 절기와 노동력 관리가 뒤따라야만 비로소 온전히 정립될 수 있듯이, 차가운 얼음 위에 버려진 후직은 새의 깃털로 감싸지고 나서야 비로소 세상 밖으로 나올 수 있었다. 이렇게 보면 주나라의 시조 후직의 탄생은 농경문명을 꽃피울 토대가 온전히 정립되었음을 표방하려던 메시지로 해석할 수 있다.

유교에는 귀신(鬼神)이라는 것이 존재할까?

유교에서 말하는 귀신은 우리가 생각하는
귀신의 개념과는 조금 다르다.

유교의 귀신은 여러 가지 뜻을 포함하는데
그중 첫 번째 의미는 음양(陰陽)의 작용을 설명하는 데 쓰인다.

둘째는 사람이 죽어서 귀신이 되는
일종의 혼백(魂魄) 개념에서의
귀신이다.

셋째는 제사를 지낼 때 존재 영역에 따라 천신(天神), 지기(地祇),
인귀(人鬼)로 구분하는 개념에서의 귀신이다.

5화
유교의 귀신

유교는 세상이 '리(理)'와 '기(氣)'의 결합으로 이루어졌으며,
귀신이라는 것은 만물을 이루는 기가 음양의 조화를 이룬 것을 뜻한다고 보았다.

여기서 귀신의 귀(鬼)는 '기가 모인다'라는 뜻이고
신(神)은 '기가 흩어진다'라는 뜻이다.

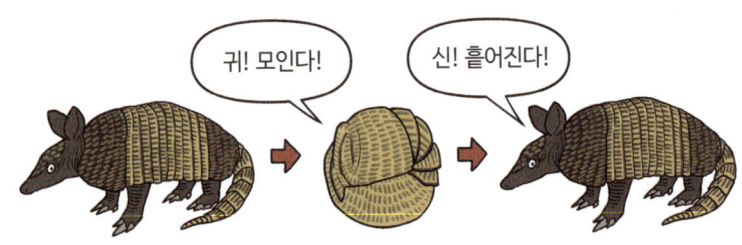

즉 만물을 구성하고 운행하는 자연현상을 모두 '귀신'이라 표현하는 것이다.

또한 인간의 혼백도 귀신이라는 개념을 통해 설명했는데

여기서 말하는 귀신은 어떤 사물도 아니고, 추상적인 관념도 아닌, 눈에 보이지 않는 '실재적 존재'로서 제사의 대상이 되었다.

제사의 대상이 되는 귀신은 존재 영역에 따라
크게 세 종류로 나누어 설명할 수 있다.

"동아시아에서는 세상을 크게 천(하늘)·지(땅)·인(사람), 즉 삼재(三才)로 구분합니다."

◀ 《삼재도회(三才圖會)》
옛날 명나라 때 왕기(王圻)가 저술한 일종의 백과사전

먼저, 태양, 달, 별, 날씨 등 천(天)을 중심으로 하여
하늘의 신들을 의미하는 천신(天神)과

"오늘의 날씨는…"

땅의 기운 혹은 땅의 신을 의미하는 지기(地祇)와

"지신(地神) 혹은 지시(地示)라고도 합니다."

자기 자신과 가문의
생명적 근원이 되는 조상신,
즉 인귀(人鬼)가 있다.

이처럼 귀신이라는 단어는 유교에서 다양한 개념으로 사용되었고
많은 유학자가 이를 언급했다.

조선에서도 귀신에 대한 여러 논의를 통해
국가의 제사 체계를 정비했는데

천신에 대한 제사는 조선이 제후국을 표방했기에 제외했고,
지기에 대한 제사에 관해서는 앞서 사직단의 신들을 통해 살펴보았다.

다음에 살펴볼 것은 인귀에게 제사를 지내는 공간인 묘(廟)인데,

"조상의 신주를 모시고 제사를 지내는 공간을 묘라고 합니다!"

신주 ↙

▲ 경남 고성 학림리 최씨종가 가묘

이 묘라는 것도
유교적 봉건 질서에 따라
제사를 지내는 주체의
신분에 맞춰 명칭이 바뀐다.

조선에서는 일반 백성의 묘를 가묘(家廟)라고 불렀으며,
왕실에서는 특별히 종묘(宗廟)라고 칭했으니···

다음 화에서는 조선의 역대 왕과 왕후들의 신주를 모신 종묘에서 국가적으로 제사를 지냈던 조선의 인귀들을 만나볼 것이다.

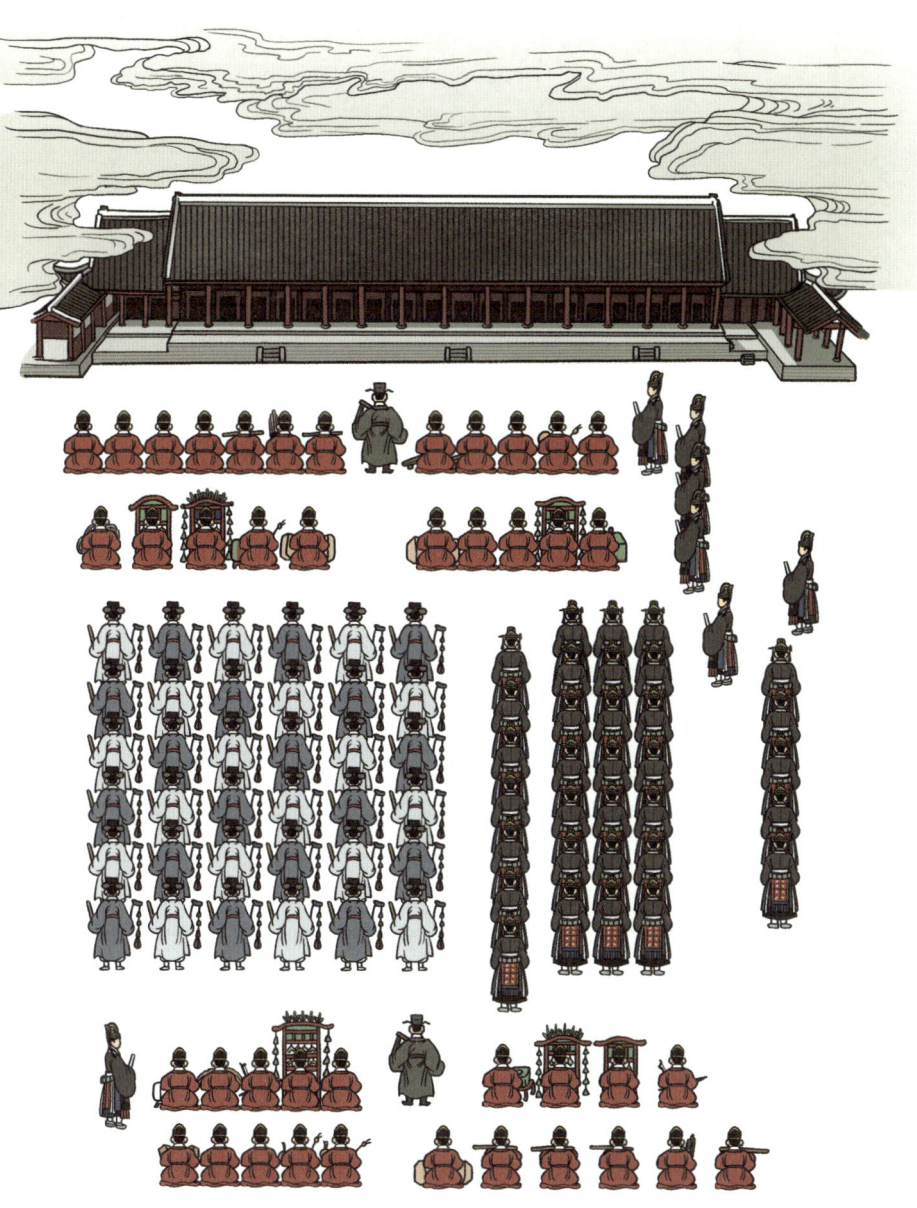

> ## 유교에도
> ## 내세관이 있는 걸까?

공자는 제자인 계로(季路)가 죽음에 관해 물었을 때 다음과 같이 답하였다.

계로가 귀신을 섬기는 일에 대해 여쭈었다. 공자께서 말씀하셨다.
"사람도 섬기지 못하는데 어찌 귀신을 섬길 수 있겠는가."
계로가 다시 물었다. "감히 죽음에 대해 묻습니다."
공자께서 말씀하셨다. "삶도 알지 못하는데 어찌 죽음을 알겠는가."

이에 대해 많은 사람이 공자를 회의주의자 또는 현실주의자라고 규정지었다. 물론 유교에서는 인간이 죽은 다음에 어떤 방식으로 어떤 세계에 존재하는지 묘사한 내용을 거의 찾아보기 어렵다. 그러나 인간의 죽음 이후를 허무의 세계로 돌리지 않고 있다는 사실과 살아 있는 사람과 죽은 사람의 관계가 매우 긴밀하게 맺어지고 있다는 사실에 주목한다면, 유교 나름의 내세관이 있음을 인정할 수 있다.

산 자와 죽은 자의 교류 방법 가운데 유교에서 가장 애용된 것이 바로 상례(喪禮)와 제례(祭禮)이다. 살아 있는 자의 집을 양택(陽宅)이라 하는 데 반해 죽은 자의 무덤을 음택(陰宅)이라 한다. 형식은 다르지만 동질적인 '집'임에는 틀림없다. 부부를 합장(合葬)하거나 자손이 부모의 무덤 근처에 잇달아 묻히는 경우가 많은 것 또한 죽은 자들의 공동생활이 지속된다는 의식을 보여준다. 그래서 집마다 사당이 있고 나라에도 사당이 있어 가묘나 종묘로 불리며 유교의 성전(聖殿)으로 받들어졌다.

예천권씨(醴泉權氏) 초간종택(草澗宗宅) 불천위제례 출주고사(出主告辭) ⓒ국립민속박물관

그러나 하늘로 피어오른 연기가 점점 흩어져 대기 속으로 사라지듯 유교에서는 인간의 육신이 흙이 되고 영혼이 소멸하여 몇 세대가 지나면 없어진다고 생각했다. 따라서 영원불멸하는 죽음 이후의 세계를 믿지는 않았지만 한 사람의 육신과 영혼이 소멸해도 자손을 통하여 그 생명의 본질은 끊임없이 이어진다고 보았다. 나무에 달린 잎이 가을철에 낙엽이 되어 땅에 떨어져도 그 생명은 손상됨이 없듯, 유교적 의식 속에서 죽음 이후의 세계인 내세는 삶의 세계인 현세와 하나의 뿌리로 이어져 있으며 일체의 조화를 이룬다.

인간의 사후 존재인 '신(귀신)'은 일정한 기간이 지나면 소멸하지만 선성(先聖)과 선사(先師)의 신이나 조상 가운데 시조(始祖) 혹은 공적이 큰 인물의 경우 아무리 오랜 세월이 지나도 제사를 지속한다. 이러한 '신'은 사당에서 내보내지 않는 '불천위(不遷位)'라 한다. 살아 있는 인간의 마음속에서 지속적으로 기억되고 영향을 줄 수 있는 경우에는 혼백이 소멸하지 않고 지속적으로 제사를 받을 수 있다고 본 것이다. 바로 이 점에서 제사는 유교가 지닌 '신'의 세계에 대한 인식과 더불어 인간의 사후 존재에 대한 인식을 명확하게 정립해준다.

효는 가족 윤리의 근간이며
조상 숭배 사상과도 연결되기 때문에
유교의 종교성을 잘 보여주는데

가장 대표적인 예로, 조상에게 지내는 제사를 들 수 있다.

제사에는 삶과 죽음에 대한 옛사람들의 관념이 반영되어 있으므로

탄생과 죽음을
반복하는
'삶의 영속성'

기억을 통해
전승되는
'영혼의 불멸성'

선왕께선
돌아가셨어!
이제 더는 없어!

하지만 내 몸에,
내 기억 속에
하나가 되어 계속 살아가!

조선 제사 문화의 표준이라고 할 수 있는 종묘(宗廟) 제례를 통해 제사의 의미와 유교의 사후 관념에 대해 알아보고자 한다.

6화
신이 된 제왕들, 종묘 정전

종묘는 사직과 더불어 조선이 건국하자마자 곧바로 건립한 제사 공간 중 하나이다.

종묘의 각 구역은 모시는 대상에 따라 정전(正殿)과 영녕전(永寧殿), 공신당(功臣堂), 칠사당(七祀堂) 등으로 구분한다.

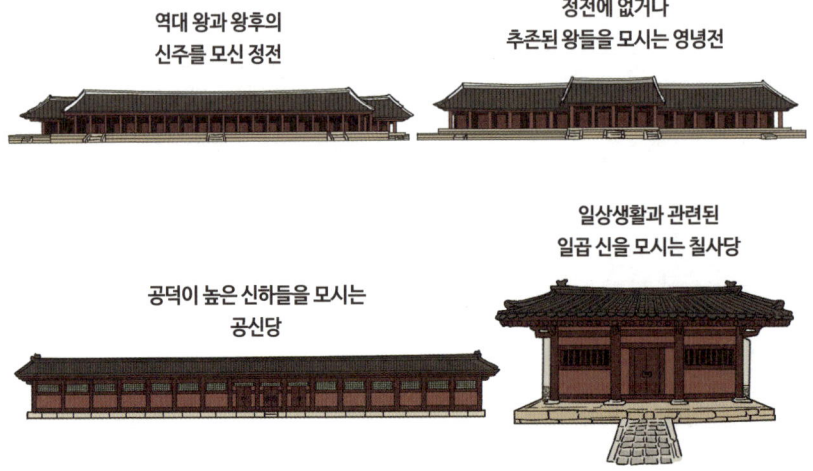

이 중 가장 핵심이 되는 건물은 정전으로
19칸의 신실(神室)마다 왕과 왕후의 신주(神主)를 모시고 있다.

1	2	3	4	5	6	7	8	9	10	11	12	13	14	15	16	17	18	19
태	태	세	세	성	중	선	인	효	현	숙	영	정	순	문	헌	철	고	순
조	종	종	조	종	종	조	조	종	종	종	조	조	조	조	종	종	종	종

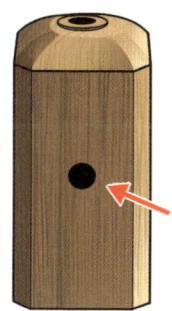

여기서 신주는 제사를 받는 혼령이
잠시 동안 깃들 수 있도록 만들어놓은
위패(位牌)의 일종이다.

규(竅): 혼이 들어오고 나가는 구멍

유교에서는 사람이 죽으면 혼이 바로 사라지지 않고
일정 기간 존속한다고 생각했다.
그래서 이런 발상이 가능했던 것이다.

혼이 존속하는 기간은 대략 100년으로 보았다.
이에 각 가정에서는 사대봉사(四代奉祀)라고 하여 4대 조상의 신주를 사당에 모시고 제사를 지냈다.

또한 국가적인 차원에서 신분별로 모실 수 있는
조상의 대수(신주의 개수)에 차등을 두어 봉안토록 했다.

그리고 4대가 지나 새로운 신주를 봉안해야 할 때는,
가장 먼 조상의 신주를 땅에 묻어 신주의 총량을 맞춰야 했는데

조선의 종묘 역시, 4대가 지나면 정전에 있는 신주를
영녕전이라는 별도의 사당으로 조천(祧遷)하여 이를 지키려 했으나

후대로 갈수록 옮기라는 신주는 안 옮기고
종묘 자체가 이상하리만치 길쭉하게 늘어나기 시작했다.

이는 후대의 왕들이 불천지주(不遷之主)라는 제도를 남발했기 때문인데

아무래도 선대왕들을 모시는 곳이라 정통성과 직결된다고 보아 여러 가지 이유를 들어 직계 조상을 불천위로 만들었던 것이다.

어찌 되었건 종묘의 특이한 모습은 효를 중시하는 유교 국가로서의 모습이 잘 반영된 대표 사례라고 할 수 있을 것이다.

이렇게 독특한 모습으로 발전한 종묘는
조선시대 내내 사직보다 더 많은 사랑을 받았으니

왕실과 관련된 제사는 물론이고
국가의 중요한 제사는 대부분 종묘에서 이루어졌다.

명절마다 지내는
속절제

사계절마다 지내는
오향대제

음력 초하루 및
보름마다 지내는
삭망제

경사나 난리 때 지내는
고유제

신주를 옮길 때 지내는
이안제·환안제

조선의 왕들은 종묘에 제사를 지냄으로써
왕실의 정통성과 권위를 보여주고 왕권을 드러낼 수 있었으며

나라에 큰일이 생겼을 때 종교적인 측면에서
왕실의 인귀들과 교감하여 조상의 도움을 받고자 하였다.

이러한 종묘 제사는 조선의 모든 조상 제례에서 표준이 되었으며
일반 백성에게는 효의 본보기가 되었으니

그 자체로 조선시대 제사 문화의 정수라고 할 수 있을 것이다.

특히 조선시대의 종묘 제사는 그 원형이 보존되어
현재까지 전해 내려오고 있기 때문에

이제는 인류무형문화유산으로서 유네스코에 등재되어
그 중요성을 널리 인정받고 있다.

국왕의 권위와 정통성의 표상, 종묘

　유교적 세계관에서 군주는 천명(天命)을 받아 나라를 세운다고 한다. 백성의 인심이 몰리는 곳에 천명이 내려지고 이에 호응하여 나라를 세운 시조가 곧 태조(太祖)라는 이름으로 불리는 것이다. 종묘는 개국시조인 태조를 모신 나라의 사당으로, 천명을 받은 초월적 존재자의 혼령이 머무는 장소가 된다. 국가 권력의 정통성을 상징하는 종묘는 국가와 운명을 같이하였고 이토록 중요한 공간이었기에 여기서 행해지는 각종 의례, 음악, 무용 모두에 유교 문화의 정수가 담겼다.

　종묘에 조상신을 모시고 제사를 주관하는 후계자가 권력과 재산을 승계하는 제도는 고대 중국에서 시작되었다. 중국에서는 주(周)

2016년 종묘대제 ⓒ 문화체육관광부

나라 이래 친족 편제의 원리였던 종법(宗法)을 국가로 확대하여, 이른바 '종법제(宗法制)'를 시행하였다. 종법은 적장자가 아버지의 지위와 권한 및 제사권을 상속받아 친족을 통제하는 제도였다. 태조와 그 뒤를 이어 등극한 후대 국왕들은 태조의 천명을 계승하는 것으로, 즉 종묘에 제사를 지내는 것으로 자신의 정통성 및 권위를 표출하였다.

종묘는 태조 이래 역대 국왕이 모셔진 장소였으므로 당사자가 모셔진 신실(神室)에는 그에 걸맞은 '묘호(廟號)'가 붙었다. 흔히 세종이나 정조 등 우리가 일반적으로 왕을 지칭할 때 사용하는 이름은 그들의 성명(姓名)이 아니라, 생전의 공덕(功德)을 평가한 당대인의 가치가 개입된 이름이다. 조선시대 역사를 살펴보면 선조, 영조, 정조, 순조 등 종종 본래의 묘호가 '종(宗)'으로 끝나는 임금들이 '조(祖)'로 격상되는 경우를 볼 수 있는데, 이는 해당 임금의 정치·사회적 인식이 달라진 경우라 할 수 있다. 당시 사람들이 임금에 대한 행적을 평가하는 기준이자 시의성을 가지고 가변하는 대상이라는 점에 주목할 때, 묘호는 조선의 역사를 한층 더 깊이 이해할 수 있는 키워드이다.

종묘의 영녕전은 정전에서 옮겨 온 신주를 모시는 곳으로, 일종의 별묘이다.

이곳은 즉위했던 왕들의 신주도 모시지만
조금 특별한 사연을 가진 왕들의 신주도 모셨는데

살아생전 즉위한 적은 없으나 사후에 왕으로 추존된 왕족 혹은
폐위되었다가 복권된 왕들의 신주가 대표적이다.

그중에서도 가장 중요한 것은
영녕전 중앙에 있는 사대고조(四代高祖)의 신주인데

사대고조는 조선을 건국한 태조 이성계의 4대 조상인
목조(穆祖), 익조(翼祖), 도조(度祖), 환조(桓祖)를 의미한다.

이성계의 고조부
목조 이안사(李安社)

이성계의 증조부
익조 이행리(李行里)

이성계의 할아버지
도조 이춘(李椿)

이성계의 아버지
환조 이자춘(李子春)

때는 13세기 고려 말, 당시 전라도 전주에
이안사라는 인물이 살고 있었다.

그는 고려 장군
이양무(李陽茂)의 아들로,
용맹과 지략이 뛰어났다고 하며
전주에서도 나름 유명했던 모양이다.

음! 역시
내 아들이야!

ㅎㅎㅎ

고려 장군
이양무

그러던 어느 날 이안사는 관아의 기생과 사랑에 빠졌는데
하필 전주에 파견 나온 산성별감(山城別監)에게 기생을 빼앗기고 말았다.

크큭… 천하의
이안사도
별거 아니구만~?

아… 안 돼…

이안사는 자신의 애인을 빼앗은 산성별감에게 항의했지만
산성별감은 정치적 인맥을 이용해서 거꾸로 이안사를 위협했고

*주관: 주(州)의 관리. 현재의 시장과 비슷함.
*안렴사: 도(道)의 장관. 현재의 도지사와 비슷함.

목숨이 위험해진 이안사는
자신의 가족과 백성을 이끌고 강릉도 삼척으로 이주했는데

삼척에 적응할 무렵 산성별감이 삼척의 안렴사에 임명되자
또다시 한반도 동북 지역의 의주(함경도 덕원)로 피신하게 되었다.

그런데 당시 동북 지역은 몽골군과 대치 중이었기 때문에, 고려의 조정은 의주로 피신한 이안사를 의주병마사로 삼아 몽골군을 견제하라고 명령했고

이안사는 갑작스럽게 몽골군과 대적하는 꼴이 되었다.

그때 몽골의 장군이던 산길대왕(散吉大王)이 두 번이나 항복을 권유했는데

이안사가 투항하자 몽골에서는 그를 우대하며 알동천호소를 세우고 수천호 겸 다루가치로 임명하여 알동(함경도 경흥)에 거주하게 한다.

몽골제국 투항 후 이안사의 관직
남경(南京) 등처(等處) 오천호소(五千戶所)의 수천호(首千戶) 겸 다루가치(達魯花赤)

이때부터 이안사로 시작되는 조선 왕실의 서사가 태동했으며, 이안사는 조선이 건국된 뒤 목조(穆祖)로 추존된다.

이안사가 죽은 뒤, 그의 아들인 이행리는 아버지의 관직을 이어받아 몽골의 장군으로 활약했는데

대표적으로 여몽연합군에 소속되어 일본 정벌에 참여한 적이 있어요!

이안사의 아들 이행리

이행리는 뛰어난 능력 때문이었는지, 아니면 출신 탓이었는지
주변 여진족 천호들의 시기를 받아 위험에 빠지게 되었다.

이행리는 두만강 근처의 적도(赤島)라는 섬으로 피신했는데
섬에 도착하자 강물이 불어나 적들이 따라오지 못했고
그제야 겨우 추격을 따돌릴 수 있었다고 한다.

이행리는 적도에서 오랫동안 거주하다가 다시 의주로 돌아와
쌍성의 고려인들을 다스리는 승사랑에 임명되었고, 훗날 익조(翼祖)로 추존된다.

그 후 이행리의 뒤를 이은 사람은 이춘으로
선래(善來)라는 아명과 관련된 비범한 탄생 설화를 가진 인물이었으니

옛날 이행리가 후사가 없어서 고민하던 중,
아내와 낙산(洛山) 관음굴(觀音窟)에서 기도했더니
꿈에 승려가 나타나 이춘의 이름을 점지해주었다고 한다.

이런 전설이 증명하듯
이춘은 가업을 발전시켜
한반도 동북면의 대부분을
경영하게 되었고, 훗날
도조(度祖)로 추존된다.

잘나가던 이춘은 어느 날 예사롭지 않은 꿈을 꾸었는데

꿈에서 백룡에게 들은 대로 활을 들고 나가보니
한 연못에서 백룡과 흑룡이 서로 싸우고 있었다.

이에 이춘이 활을 쏴서 흑룡을 죽이고 백룡을 구해주자
백룡이 감사를 표하며 축복해주었다고 전한다.

이춘이 죽은 뒤 이자흥(李子興)이라는 인물이 가업을 이었으나
금방 요절해버렸고, 후계를 정하는 과정에서 다툼이 발생했는데

어찌어찌하여 이자흥의 동생이었던 이자춘이 승리하고
가업을 계승하게 되었으며, 훗날 환조(桓祖)로 추존된다.

이자춘은 혼란스러운 국제 정세와
후계 분쟁으로 적대 관계가 된
쌍성총관부 사이에서
활로를 모색했고

때마침 고려의 공민왕이 반원 정책을 펴며 쌍성 수복을 준비하는
상황이었기에 자신의 세력을 이끌고 고려에 투항했다.

특히나 이씨 가문의 사병이었던 가별초(家別抄)는 다양한 국적으로 이루어진
강력한 군사 집단이었기에, 고려의 군사력에 큰 보탬이 되었다.

이후 이자춘은 자신의 군사적 역량을 유감없이 발휘하며
엄청난 활약을 선보여 신흥 무인 세력의 대표 주자가 되었다.

특히 이자춘의 곁에는 항상 그를 따라다니며 전쟁터를 누비던 친아들이 있었으니

그가 바로 조선을 건국하는 태조 이성계다.

태조 이성계는 왕이 된 후 자신의 4대 조상들을 왕으로 추존하고 그 신주를 종묘에 모셨으니, 그때 만든 신주가 지금까지 전해지고 있다.

영녕전에 모셔진 사연 많은 임금들

　영녕전에 모셔진 임금들은 종묘 정전에 모셔진 임금들과 비교할 때 그 사연이 적지 않다. 영녕전에 처음 모셔진 신주는 목조, 익조, 도조, 환조였다. 원래 이들은 왕으로 즉위한 적이 없지만 후손인 태조 이성계가 조선이라는 새 왕조를 창업하고 조상에 대한 추숭을 진행하면서 왕이 되었고, 종묘에 봉안되는 첫 사례가 됐다. 이들이 종묘에 봉안될 때는 어떠한 문제도 제기되지 않았다. 그러다가 정종의 부묘(祔廟)로 전대 임금의 신주를 옮기는 조천(祧遷)을 해야 할 상황에 이르자 1421년(세종 3) 종묘 뒤편에 영녕전이 세워졌고, 이곳에 4대조를 모시게 됐다.

　영녕전은 정전의 신실이 모두 차서 조천해야 할 임금의 신주를 모시는 별묘(別廟)의 개념보다 먼저 모셔진 4대조를 모시는 사당이라는 의미가 더 부각되면서, 후대 이곳으로 옮겨온 국왕의 신주는 영녕전 협실(夾室)에 모셔졌다. 영녕전에서 4대조가 차지하는 위상은 정전에 모셔진 국왕들이 같은 신실에 모셔졌던 것과 달리 절대적이었던 셈이다.

이후 후대 국왕들은 일정 기간 정사를 돌보다가 승하하면 종묘에 모셔졌다. 그러다가 5대에 이르러 기존의 신주를 조천해야 할 때가 되면 일부는 '세실(世室)'로 정해져 정전에서 영원히 제사를 받들게 했고, 나머지는 영녕전으로 옮겨졌다. 정종, 문종, 예종, 인종, 명종, 경종 등이 그 사례이다.

단종은 폐위된 임금이었기에 죽어서도 종묘에 모셔질 수 없었다. 물론 단종의 억울한 죽음을 안타깝게 여긴 사람들은 시대가 흘러도 계속 나타났고, 성종 재위기 이후 일부 사림(士林)은 단종의 복권을 주장하기도 했다. 그러나 단종 복권은 세조의 집권이 부당하다는 논리로 이어질 수 있기에 쉽게 결정할 사안이 아니었다. 그러다가 단종 사후 200여 년이 지난 숙종 재위기에 이르러서야 복권이 이뤄졌다. 17세기 이후 사림은 의리명분(義理名分)을 정치 이념으로 내세웠는데, 이를 바탕으로 숙종이 공정왕으로 불리던 정종에게 비로소 묘호를 올리고 사육신을 복권했으며, 1698년(숙종 24) 노산군을 단종으로 추봉하여 영녕전에 신주를 봉안했다.

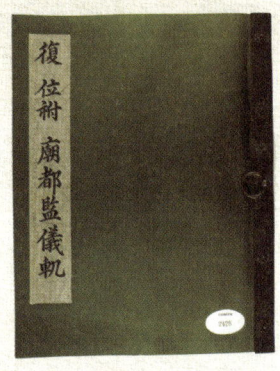

외규장각의궤《단종정순왕후 복위부묘도감의궤(復位祔廟都監儀軌)》ⓒ 프랑스 국립도서관 소장

왕으로 즉위한 적이 없었는데도 영녕전에 모셔진 임금들도 있었다. 덕종, 원종, 진종, 장조, 의민황태자가 여기에 해당하는데, 그중 의민황태자의 사례를 살펴보자.

종묘 역사상 마지막으로 부묘된 의민황태자는 고종과 순헌황귀비 엄씨 소생으로 고종의 7남이다. 그는 해방 이후 1970년 창덕궁 낙선재(樂善齋)에서 생을 마감했는데, 대한제국의 마지막 황제 순종이 그를 황태자로 책봉했던 사실과 일제강점기였지만 그가 형식상 사왕(嗣王, 왕위를 이은 임금)의 자격으로 이왕(李王)의 작위를 이은 점을 고려해 영녕전에 부묘됐다. 그런데 의민황태자의 경우 부묘에 따른 논란이 많았다. 정식으로 황제로 즉위한 적이 없을뿐더러, 현재 영녕전의 신주 가운데 단종을 제외하면 추숭된 임금일지라도 정전을 거쳐 영녕전으로 조천됐던 까닭이다.

그러나 왕조와 왕실이 이미 없어진 21세기에 누가 의민황태자를 황제로 추숭할 수 있고, 누가 그것을 인정할 수 있을까. 의민황태자의 부묘에 따른 문제는 우리가 앞으로 풀어야 할 숙제라 할 수 있을 것이다.

종묘 정전의 양쪽 구석에는 건물 두 채가 자리 잡고 있는데

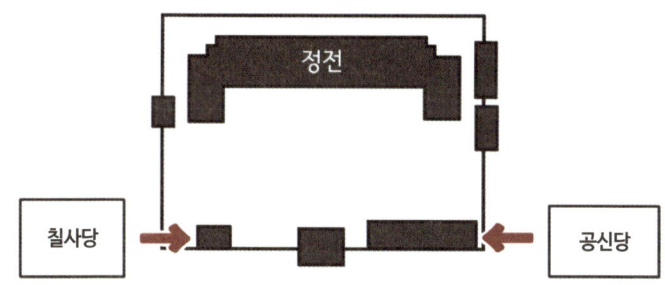

하나는 역대 공신들의 신주를 모신 공신당(功臣堂)이고

다른 하나는 나라를 수호하는 일곱 신을 모신 칠사당(七祀堂)이다.

원래 국가는 군주가 혼자서 다스리는 게 아니라
왕과 신하들이 함께 통치하는 것이므로

공덕이 높은 신하를 공신으로 책봉하여
왕실과 함께 제사를 받을 수 있게 한 것이다.

그리고 인간들이 그러하듯, 주요 신들을 보좌하며 나라를 수호하는
7명의 신도 있었으니, 그들을 칠사라고 불렀다.

8화
국가와 백성의 수호신, 공신과 칠사

신년 기념 조선 왕실 국정운영 심포지엄
신과 인간이 함께하는 '조선의 미래'를 묻다
1392~1910년 내외 신료 일동

삼천만 백성과의 약속, 반드시 지키겠습니다!

▲ 공신당에 배향된 공신들과 칠사

정전 공신 83명 + 영녕전 공신 11명
= 총 94명

공신당은 역대 임금들이 재위하던 시절,
가장 공덕이 크다고 평가받은 신하들의 신주를 모시는 사당이다.

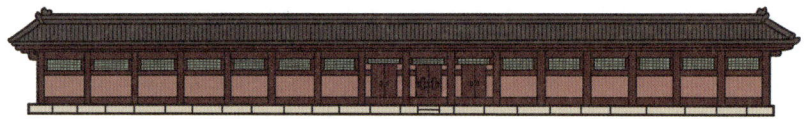

공신당은 배향당(配享堂)이라고도 불리는데,
'배향'이란 왕과 함께 제사를 받는다는 뜻으로 풀이할 수 있다.

공신 선정 기준이 뚜렷하지는 않았지만,
어쨌든 당시 사회에서 공훈을 인정받은 이들로서…

주로 왕을 보좌하며 국가를 운영했거나,
학문적으로 크게 뛰어난 인물들이었다.

공신들은 죽어서도 '인귀'로서 왕과 함께 제사를 받으며
후대 신하들의 모범이 되는 존재로 기려졌다.

집안에 공신이 된 인물이 나오면 가문의 자랑으로 여겨졌기 때문에
각 집안의 가묘에서도 '불천지주'로 함께 모셔졌으며

*중시조: 쇠퇴한 가문을 다시 일으킨 조상

왕의 신주가 정전에서 영녕전으로 조천(祧遷)할 때는
해당 공신들의 신주를 땅에 묻거나 자손들에게 돌려보냈다.

이러한 이유로 현재 공신당에는 정전에 모셔진 임금의 공신들만 남게 되었다.

태조	조준, 의안대군, 남재, 이제, 이지란, 남은, 조인옥	
태종	하륜, 조영무, 정탁, 이천우, 이래	
세종	황희, 최윤덕, 허조, 신개, 이수, 양녕대군, 효령대군	**조선 전기**
세조	권람, 한확, 한명회	
성종	신숙주, 정창손, 홍응	
중종	박원종, 성희안, 유순정, 정광필	
선조	이준경, 이황, 이이	
인조	이원익, 신흠, 김류, 이귀, 신경진, 이서, 능원대군	

효종	김상헌, 김집, 송시열, 인평대군, 민정중, 민유중	
현종	정태화, 김좌명, 김수항, 김만기	
숙종	남구만, 박세채, 윤지완, 최석정, 김석주, 김만중	
영조	김창집, 최규서, 민진원, 조문명, 김재로	**조선 후기**
정조	김종수, 유언호, 김조순	
순조	이시수, 김재찬, 김이교, 조득영, 남연군, 조만영	
문조	남공철, 김로, 조병구	
헌종	이상황, 조인영	
철종	이헌구, 익평군, 김수근	

고종	박규수, 신응조, 이돈우, 민영환	**대한 제국**
순종	송근수, 서정순	

현재 공신당에 모셔진 공신 목록입니다.

다음으로 공신당 건너편의 칠사당은
일곱 신에게 제사를 지내는 공간이다.

그 일곱 신이란 사명(司命), 사호(司戶), 사조(司竈), 중류(中霤),
공려(公厲), 국문(國門), 국행(國行)을 말하며
이들 신마다 관장하는 분야가 각기 달랐다.

수명의 신
사명

출입의 신
사호

부엌의 신
사조

건물의 신
중류

형벌의 신
공려

관문의 신
국문

도로의 신
국행

먼저, 사명은 수명의 신으로, '삼명(三命)'이라고 부르는
수명(受命)과 조명(遭命), 수명(隨命)을 다스리는 신이다.

사호는 출입의 신으로, 나라 안 여러 문의 출입을 담당하며

사조는 부엌과 음식을 담당하는 신으로, 민간의 조왕신과 같다.

중류는 건물의 신으로, 각 집과 방을 관장한다.

국문은 서울의 큰 문을 관장하는 신으로, 주로 도성의 대문을 다스리며

국행은 도로의 신으로, 나라의 도로를 관리하고 통행을 주관하는 등 현재의 국토교통부와 비슷한 역할을 한다.

마지막으로 공려는 법과 형벌의 신으로, 자식 없이 죽은 제후의 귀신들을 위로하고 진정시키는 역할을 한다.

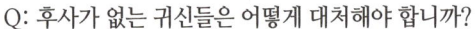

특히 공려는 대한제국이 선포된 이후 제왕이 제사를 지낼 수 있는 태려(泰厲)로 지위가 올라간다.

조선에서는 이렇게 일곱 신을 '칠사'라고 부르며,
계절마다 돌아가며 제사를 지냈다.

칠사는 공신들과 함께 왕실을 보좌하고
백성의 운명을 보호하는 나라의 수호신으로 모셔졌던 것이다.

> 종묘 속 또 다른 사당
> 공민왕 신당을 아시나요?

종묘 망묘루(望廟樓) 뒤편에는 담장에 가려 잘 보이지 않는 조그마한 사당이 자리하고 있다. 문을 열고 들어가면 고려 공민왕(恭愍王)과 그의 왕후 노국공주(魯國公主)가 함께 앉아 있는 영정이 걸려 있는데, 이 두 사람의 영정을 모시고 있다는 이유로 이 사당은 대개 '공민왕 신당'으로 불린다. 사당의 정식 명칭은 '고려 공민왕 영정 봉안지당(高麗 恭愍王 影幀 奉安之堂)'으로, 신당이 모셔진 일화에 대해 일제강점기에 편찬된 《종묘지(宗廟誌)》는 다음과 같이 기록하고 있다.

"1년에 봄과 가을 2번 제사를 지낸다. 이것은 정식 제례가 아니다. 종

공민왕 신당 내 공민왕과 노국대장공주 초상화 ⓒ 문화재청 국가문화유산포털

공민왕 신당 내 공민왕이 직접 그린 것으로 전해지는 〈준마도(駿馬圖)〉
ⓒ 문화재청 국가문화유산포털

종묘 공민왕 신당 전경 ⓒ 문화재청 국가문화유산포털

묘 직원이 갹금(醵金, 여러 사람이 나눠 내는 돈)을 내어서 술, 과일, 포, 떡 2종류를 준비하여 축문 없이 단헌(單獻)으로 기사(祈祀)를 지냈다. 태조 4년(을해년)에 한양을 도읍으로 정하고 종묘와 궁궐을 건립하였다. 동년 9월 종묘에 완성을 아뢰고 4조(祖)의 신주를 송경(松京)에서 한양의 새로운 종묘로 옮겨 봉안하였다. 하루는 회오리바람이 홀연히 북쪽에서부터 일어나 물건 하나가 말려 공중에서 묘정의 뜰로 떨어졌다. 받아보니 고려 공민왕 영정이었다. 많은 사람이 놀라고 기이하게 여겨 마침내 이 사당을 짓고 영정을 봉안하여 비로소 춘추에 2번 제사를 거행하여 오늘까지 이르렀다. 비록 상고할 문헌이 없으나 이것이 진실로 옛 늙은이들이 전하여준 야설(野說)이다."

《종묘지》에 따르면 신당은 향대청 동남쪽에 있으며, 고려 공민왕 영정을 모셨다. 이 신당에서는 매년 2월과 10월 중순에 제사를 지내는데 《종묘지》는 이 의식을 '정식 제례'가 아니라고 하였다. 여기서 알 수 있듯이 이 신당의 유래는 불명확하다. 조선 초기 회오리바람에 의한 영정의 등장은 전설에서 쉽게 접할 수 있는 출처 설명법 중 하나이며 역사적 사실로 받아들이기에는 무리가 있다. 그럼에도 불구하고 《종묘지》의 설명을 통해 일제강점기 종묘에 공민왕 사당이 있었으며 이곳에서 1년에 두 번의 제향이 있었다는 것을 알 수 있다. 그리고 《종묘지》는 이 신당의 제향을 '직원'이 주도하였다고 설명한다.

공민왕 신당에서 제사를 올리던 주체는 종묘를 수호하고 관리하며 제사 준비를 돕는 수복(守僕)들이었다. 이는 조선시대 관아 부속 부군당 운영 주체가 아전(衙前)들이었던 것과 크게 다르지 않다. 부군당은 조선시대 행정 구조와 신분 구조를 반영한 신앙 공간이었다. 종묘는 왕실의 사당이어서 외부인이 출입하기 어려웠다. 이 때문에 공민왕 신당은 종묘 내에 근무하는 수복들에게 유의미한 공간이 될 수밖에 없었다.

문종과 세조 재위 기간 동안 활동한 어효첨(魚孝瞻)은 사헌부와 형조에 근무하면서 그곳의 부군당을 불태우고 제사를 금지하였으며, 이후 부임하는 관청마다 부군당을 헐어버렸다. 이는 부정한 귀신의 제사를 인정하지 않는 유교적 사고를 잘 보여주는 사례이다. 하지만 사헌부나 형조의 부군당은 이후에도 존재하였으며, 관아의 부군당은 낯설지 않은 모습으로 유지되었다. 결국 유교와 민간신앙이 대립의 각을 세우기보다 공존하는 방법을 모색한 것인데, 이것이 왕실의 직접적인 조상을 모시는 공간인 종묘에 아직까지 잔존한다는 것은 분명 당시 종교 문화의 일면을 다시금 생각해보게 만드는 대목이 아닐까 싶다.

농부들의 영원한 파트너인 소는
예나 지금이나 인간과 함께 농사를 짓고 있다.

소를 이용해서 농사를 짓는 것을 우경(牛耕)이라고 부른다.

그만큼 소는 오래전부터 농경을 상징하는 동물로 인식되어왔다.

이것을 상징적으로 잘 보여주는 신화 속 인물이 있으니

바로 최초로 농사법을 발명했다고 전해지는
염제 신농씨(炎帝 神農氏)이다.

9화
농사의 신
신농씨

머나먼 옛날, 인간들이 탄생한 지 얼마 지나지 않았을 때의 일이다.

당시 사람들은 자연에 맨몸으로 내던져져
추위에 떨며 살았는데

먹을 것이 부족해서 매일 굶주리는 게 일상이었다.

그때 신농이라는 신이 나타나 사람들을 도와주었는데

사람들은 신농의 생김새를 보고 크게 놀랐으니,
인간의 몸에 소의 머리를 하고 있었기 때문이다.

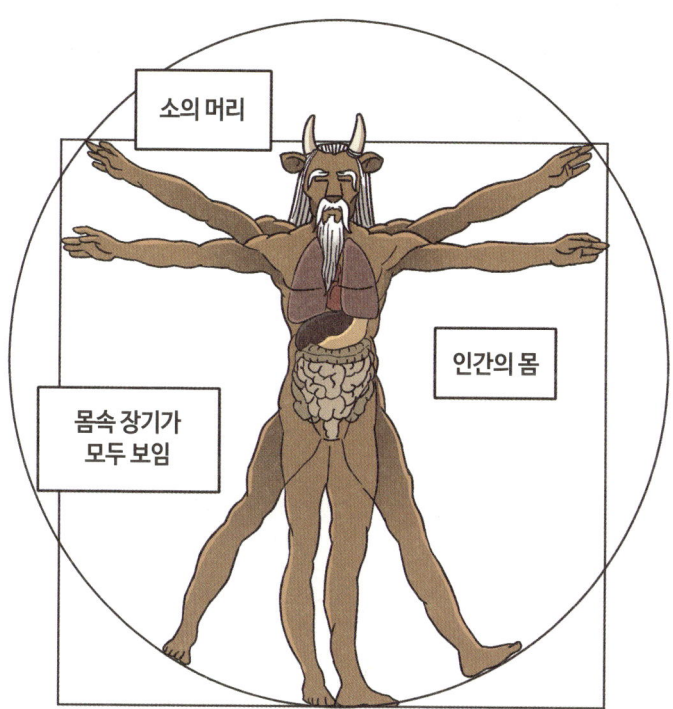

신농은 먼저 불을 발명하여 사람들을 따뜻하게 해주었고

주변의 나무로 농기구를 발명하여 사람들에게 나누어 주었다.

그러고는 사람들이 굶지 않도록 농사짓는 방법을 가르쳤다.

또 그 덕분에 생활이 안정된 사람들이
잉여 생산물을 팔 수 있도록 시장을 열어주었고

신농이 처음으로 시장을 열었다는 일화를 나타낸 그림입니다.

19세기 초 조선. 작자 미상
〈명현제왕사적도(名賢帝王事蹟圖)〉중
신농개시(神農開市) 부분.

혼인제도를 만들어 사람들이 가족을 이루고 마을을 형성할 수 있도록 도왔다.

딱 맞는 사람이 있소.

신농결혼정보회사

신농

한편 사람들이 자꾸 이상한 걸 주워 먹고
병에 걸려서 죽는 일이 발생하자

이를 안타깝게 여긴 신농은 100가지 풀을 직접 먹어가며
약초와 독초를 가려냈다.

다만 독초를 구분하는 과정에서 죽었다가 살아난 적이 있어서,
그때부터 자편(赭鞭)이라는 채찍으로 독초와 약초를 구분했다고 한다.

그리고 직접 체험해 얻은 지식을 바탕으로
차(茶)와 약(藥)을 발명하여
인간들에게 가르쳐주었으니

비로소 신농은 동양 문화권에서 '농사의 신'이자
'불의 신' 겸 '의학의 신'으로 모셔지게 되었다.

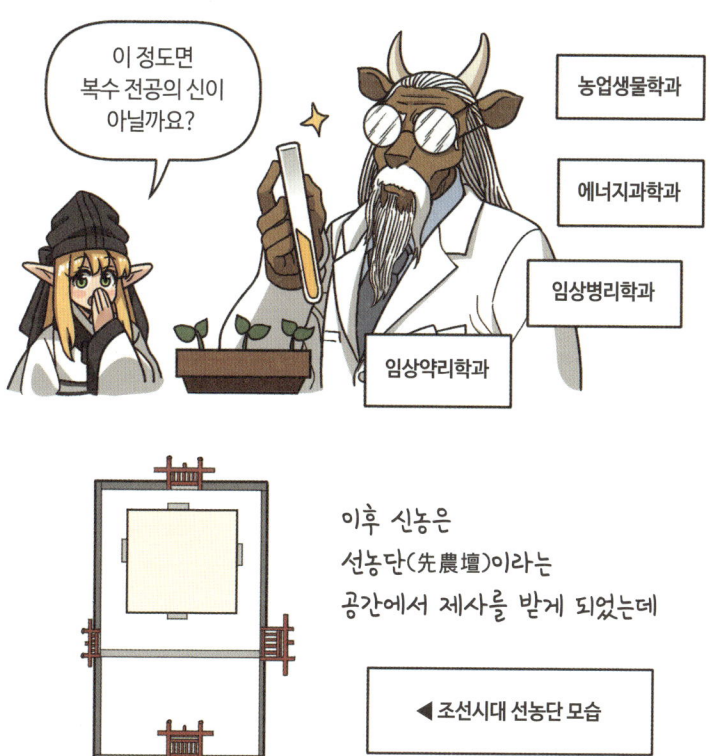

이후 신농은
선농단(先農壇)이라는
공간에서 제사를 받게 되었는데

◀ 조선시대 선농단 모습

한국의 경우 삼국시대 때부터 신농에 대한
제사가 이루어졌음이 확인되었다.

▲
고구려 오회분 벽화에 그려진
신농의 모습

신농은 조선시대에도 어김없이 등장하여 그 이름을 과시했으니

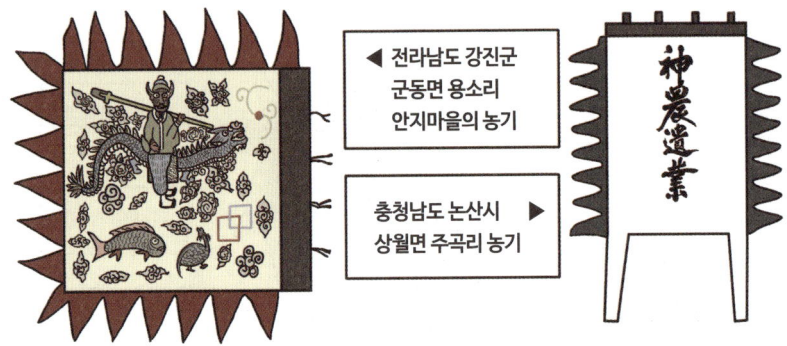

◀ 전라남도 강진군 군동면 용소리 안지마을의 농기

충청남도 논산시 ▶
상월면 주곡리 농기

민간에서는 영남성주굿이나 평산소놀음굿에서도 찾아볼 수 있으며

신농씨가 나타나서 남산에다가 밭을 갈고~

농사짓는 법을 내어 농사짓게 힘을 쓰고~

영남성주굿

평산소놀음굿

칠성님 명령으로 농사짓는 법도와 씨종자를 지고 내려왔소!

왕실에서는 후직 희기와 함께 농사의 신으로서 선농단에 모셔졌다.

오늘날 선농단 근처에는 한약재를 전문으로 파는 약령시장이 있는데 의학의 신 신농의 모습을 간접적으로나마 느껴볼 수 있는 대목이다.

또한 왕이 직접 밭을 갈던 동적전(東籍田)도 있었는데

풍문으로는 이곳에서 밭을 가는 친경 행사가 끝나고
선농단과 발음이 비슷한 음식인 설렁탕을
백성에게 나누어 주었다는 이야기가 전해진다.

이처럼 신농의 흔적은 우리의 일상 곳곳에서 찾아볼 수 있으며
현재까지도 한국의 선농단에서는 신농에 대한 제사가 이어지고 있다.

설렁탕은 선농제에서 유래한 것일까?

국밥 가운데에서도 대표격이라 할 수 있는 설렁탕에는 재밌는 유래가 있다.

조선시대 세종대왕이 선농단에서 농사의 신께 제를 올리며 논을 경작하는 모범을 보일 때 갑자기 심한 비바람이 몰아쳤다. 오도 가도 못 하게 된 임금의 배고픔을 달래느라 백성이 농사짓던 소를 잡아 맹물을 넣고 끓였는데 이것이 설렁탕의 기원이 됐다. 이후 조선시대 임금님들은 선농단에서 농사의 신인 신농과 후직에게 제사를 드린 후 제사에 바친 쇠고기를 음식으로 만들어 참석한 백관, 인근 지역 농민, 주민에게 나누어 주었는데, 많은 사람에게 제사고기를 골고루 나누어 줄 수 없어서 쇠고기국에 밥을 말아 많은 사람이 먹도록 하였다.

설렁탕이 세종의 선농단 친행에서 유래한다는 설명은 흥미롭다. 과연 설렁탕은 실제로 선농단에서 지낸 국왕의 친제(親祭) 및 국왕이 직접 밭을 가는 친경(親耕)과 밀접한 관련이 있는 것일까? 현재 선농단이 있는 서울특별시 동대문구 문화관광 홈페이지에 게시된 설렁탕 관련 기사는 다음과 같다.

사적 제436호인 선농단은 조선시대 역대 국왕이 농사신인 신농씨와 곡식신인 후직씨에게 그해의 풍년을 기원하며 제사를 지냈던 곳으로 총면적이 523평, 돌단은 규모 4m×4m이다. 예조에서 경칩 후 길한 해일을 골라 제일을 정하면 임금은 3일 전부터 재계하고 당일 새벽에 이곳에서 여러 중신 및 백성이 참가한 가운데 제를 올린다. 제사가 끝나고 날이 밝으면 임금이 친히 쟁기로 밭을 가는 시범을 보였는데 이를 친경례라 한다. 왕이 몸소 농사를 실천함으로써 중신들과 만백성에게 농사의 소중함을 일깨우려 한 의식이었다. 모든 행사가 끝나면 왕은 중신 및 서민에 이르기까지 모든 참가자들의 수고를 위로하기 위해 소를 잡아 국말이밥을 내렸는데 이를 선농탕이라 했으며 훗날 닿소리 이어바뀜으로 설롱탕으로 읽게 됐고 오늘에 와서 설렁탕이라 부르게 되었다.

2010년 선농제 재현 행사 ⓒ 동대문구청 홍보관

선농단 전경 ⓒ 문화재청 국가문화유산포털

그런데 오늘날 학계의 연구에 따르면 세종이 선농제를 직접 지낸 적은 한 번도 없고, 조선시대 처음으로 선농제를 지낸 국왕은 9대 임금 성종이라고 한다. 또한 선농제에 제물로 썼던 소를 이용해 국밥을 만들었다는 역사적인 사료는 아직까지 발견되지 않았다.

설렁탕과 선농단을 연관 지어 설명한 가장 오래된 문헌은 일제강점기인 1940년에 간행된 홍선표(洪善杓)의 《조선요리학(朝鮮料理學)》이다. 이 책에는 당시 성행한 조선 요리들의 기원과 조리방식, 영양 등이 망라돼 있다. 그중 위에서 언급한 세종 시대 설렁탕과 관련된 기록이 있다. 책의 저자는 설렁탕, 설농탕 등의 용어가 선농단과 유사하다는 사실에 착안하여 양자를 연결해 서술했는데, 해방 이후 조리학자와 민속학자들이 이 글을 바탕으로 설렁탕의 기원을 설명함으로써 정설로 굳어졌다.

양잠(養蠶)이란 누에나방을 사육하여 고치를 생산하는 일을 의미한다.

고치에서 빼낸 실을 가공하면 비단을 만들 수 있었으니

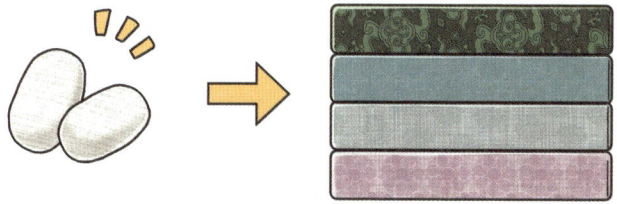

비단은 옛날부터 삼베, 모시, 목면과 함께
옷감을 상징하는 가장 대표적인 예시로 통하고 있다.

조선에서는 옷감 생산을 장려하기 위해
양잠을 발명했다고 전해지는 신에게 제사를 지냈는데

그가 바로 양잠의 신 서릉씨(西陵氏)이다.

세상에서 최초로 옷을 만든 사람은 누구였을까?

옷이란 인간이 생활하는 데 없어서는 안 될 필수 요소 중 하나로서
전통 사회에서는 신분을 나타낼 수 있는 가장 효과적인 수단 중 하나였다.

이 때문에 고대 동북아시아 여러 나라가 옷감을 생산하며
옷을 만드는 행위를 중시하고, 적극적으로 양잠을 장려했다.

전설에 따르면 양잠을 발명했다고 전해지는 신들이 여럿 있는데

◀ 누에가 되었다는 중국의 마두낭(馬頭娘)

중국 창세신 ▶
여와

조선 왕실은 황제 헌원씨(黃帝軒轅氏)의 아내인
서릉씨만을 공식적으로 인정하고 제사를 지냈다.

서릉씨 비단이 최고네요!

오홍홍~
조와용~

조선에서 인식한 서릉의 전설은 이러하다.

먼 옛날, 인간들이 옷이 없어서
나뭇잎을 의복 삼고 눈비를 맞으며 살아가던 시절이 있었으니

이를 불쌍하게 여긴 서릉씨가 사람들에게 양잠을 가르쳐주었고

여인들에게 길쌈질을 가르쳐서
옷을 만들 수 있도록 도와주었다고 한다.

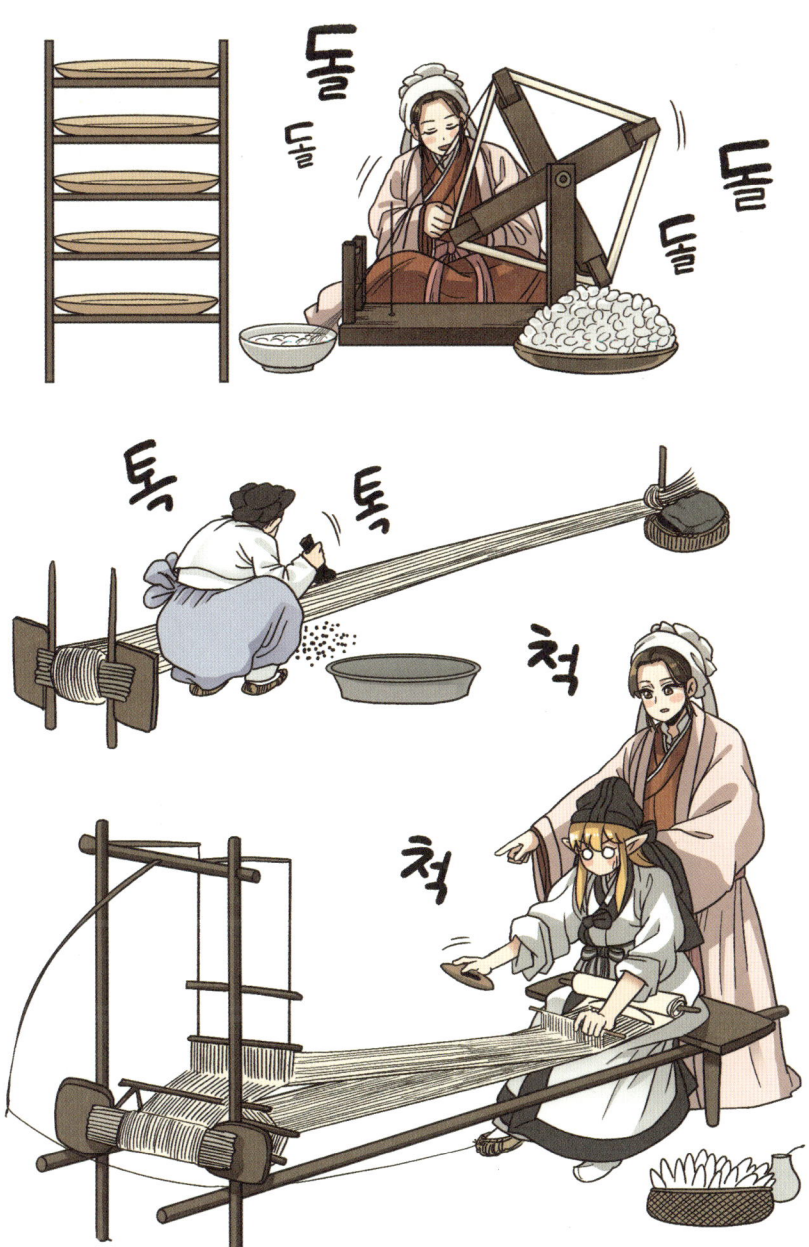

그리고 자신의 남편인 헌원에게도
전쟁터에서 활동하기 편한 옷을 만들어주었으며

헌원을 따르는 병사들에게도 손수 옷을 만들어 입혀주었다고 한다.

서릉의 옷 덕분인지, 헌원의 병사들은 더욱 잘 싸우게 되어
구주를 제패하는 데 큰 도움이 되었다고 한다.

서릉은 그 공적을 인정받아 양잠의 신으로 모셔졌으며

조선에서는 선잠단(先蠶壇)이라는 공간에서
매년 3월 서릉씨에게 제사를 지냈다.

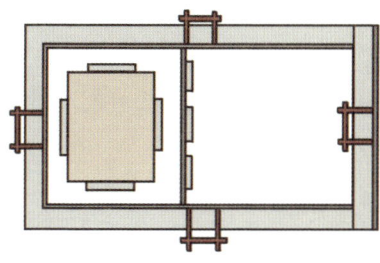

특히 선잠제례는 조선 왕실의 제사 중
유일하게 왕비가 주도하는 제사였고

경복궁과 창덕궁 후원에 내잠실(內蠶室)을 마련하여
왕비와 궁궐 안 여성들이 뽕잎을 따는 의식인
친잠례(親蠶禮)를 행하기도 했다.

또한 조선 각지에 잠실을 만들어서 누에 농사를 관리했다.
현재에도 '잠실'이라는 지명을 통해 그 흔적을 찾아볼 수 있다.

이후 선잠단은 1908년에 폐쇄되어 터만 남게 되었지만
서릉씨에게 지내는 선잠제례는 현재까지도 이어져오고 있었는데

2016년 선잠단 발굴을 시작하여 최근 복원을 끝마쳤고,
이 덕분에 조선시대 당시의 선잠단을 볼 수 있게 되었다.

성세의 재현을 꿈꾼 영조,
정순왕후의 친잠례를 기획하다

중국에서는 원칙상 선잠에 대한 제사와 더불어 친잠의 시행이 황후가 해야 할 중요한 의례이지만 조선의 경우 선잠제와 친잠례가 서로 구분되어 있었다. 이는 고려시대의 선잠제가 철저하게 신하들이 시행하는 방식으로 구성되어 왕후가 선잠제를 행한 후 뽕잎을 따는 친잠례가 거행되지 않은 결과였다.

그러다가 왕비의 친제가 이루어진 것은 영조 재위기에 이르러서였다. 1759년(영조 35) 6월 22일, 66세의 영조는 15세가 된 김한구(金漢耉)의 딸과 화려한 혼례를 치렀다. 11세 때 혼인한 2살 연상의 정성왕후 서씨가 2년 전 66세의 나이로 세상을 떠나자 삼년상을 끝마친 후 2번째 정식 왕후를 들인 것이다.

선잠제 초헌례를 재현한 모형 ⓒ성북선잠박물관

　1767년 영조의 나이는 74세였고, 정순왕후는 23세, 세손 정조는 16세였다. 영조는 살날이 얼마 남지 않은 상황에서 자신이 죽은 후 어린 부인과 손자가 어떻게 지낼지 걱정했을 것이다. 영조는 아들인 사도세자를 죽인 뒤 세손 보호에 각별한 관심을 기울였다. 아들이 자신에 의해 죽임을 당한 시점에서 세손이 반드시 왕위에 즉위한다는 보장이 없었기 때문이다. 세손의 지위는 불안정했고 그를 위한 특별한 조처가 필요했던 셈이다. 한편 어린 부인에 대한 영조의 걱정은 정순왕후와 세손 간의 내면적 갈등에서 기인했을 것이다. 비록 궁궐 내에서 사도세자에 관한 일을 언급하지 못하도록 엄명을 내렸지만 누구보다도 총명했던 세손이 전후 사정을 통해 중전의 아버지 김한구가 사도세자의 죽음과 관련돼 있다는 사실을 파악하지 못할 리 없다고 생각했다.

이런 상황에서 영조는 중전과 세손을 모두 부각시키는 동시에 양자의 화합을 도모하며, 나아가 백성을 위해 시행한다는 정치적 명분까지 충분한 친경·친잠 의례만큼 좋은 기회가 없다고 생각했다. 특히 친잠은 광해군 이래 200년간 시행되지 못한 의례로, 중전이 지존으로서 자신의 위치를 재확인할 확실한 방법이라 파악했다. 1767년 200년 만에 부활한 친경과 친잠례 뒤에는 이러한 정치적 복선이 깔려 있었다.

왕실 여성이 국가 제례를 직접 주관한 사례는 정순왕후의 선잠제 이전까지 단 한 차례도 보이지 않는다. 여성의 국가 제례 참여는 원칙적으로 차단돼 있었고, 1683년(숙종 22) 왕후와 세자빈이 종묘를 알현하는 제도를 시행한 것이 처음이었다. 그런데 영조는 친잠을 시행할 때 굳이 경복궁에 선잠단과 채상단을 같이 만들어 왕후가 제사를 주관하고 친잠 역시 주관하는 방식을 채택했다. 국가 제례를 주관하는 상징성을 분명히 하려는 의도였던 셈이다.

선잠제에서 제사를 주관할 때 왕후는 남성 관료들을 제치고 신에게 술잔을 올리며 자신의 우월한 지위를 드러냈다. 즉 행사 주관자인 중궁이 만민의 국모라는 의식을 공식적인 행사를 통해 부각시켰던 것이다.

옛날 사람들은 날씨 관측을 매우 중요하게 생각했다.

날씨에 따라서 그해 농사의
풍흉(豊凶)을 점칠 수 있었기 때문에 더욱 민감했던 것이다.

특히 동북아시아에서는 농사에 영향을 끼치는 기상 현상으로 바람, 구름, 비, 번개 등을 꼽았으며

조선 왕실은 이 4가지를 관장하는 신들에게 각각 제사를 지냈다.

11화
날씨의 신
풍운뇌우

바람의 신
풍백(風伯)

구름의 신
운사(雲師)

번개의 신
뇌사(雷師)

비의 신
우사(雨師)

먼 옛날 하늘나라에 환웅(桓雄)이라는 신이 살았다.

그는 항상 구름 아래를 내려다보며 인간 세상을 다스리고 싶어 했는데

환웅의 아버지였던 환인(桓因)이 환웅에게
천부인(天符印)이라는 3가지 물건을 넘겨주고 인간 세상을 다스리게 했으니

환웅은 자신을 따르는 3천 명의 무리를 이끌고
인간 세계로 내려갔다.

환웅을 따라온 무리 중에는
바람의 신 풍백(風伯)과 구름의 신 운사(雲師),
비의 신 우사(雨師)도 있었는데

이들은 《삼국사기(三國史記)》에 기록될 정도로
오래전부터 숭배되어온 신들이다.

그리고 고려시대에는 뇌사(雷師)라는 번개의 신도 등장했으니

뇌사는 풍백, 운사, 우사와 세트로 취급되기 때문에
3천 명의 무리가 내려올 때 같이 내려오지 않았나 싶다.

이후 조선시대에는 풍백, 운사, 뇌사, 우사를
산천단(山川壇)에 모셨고

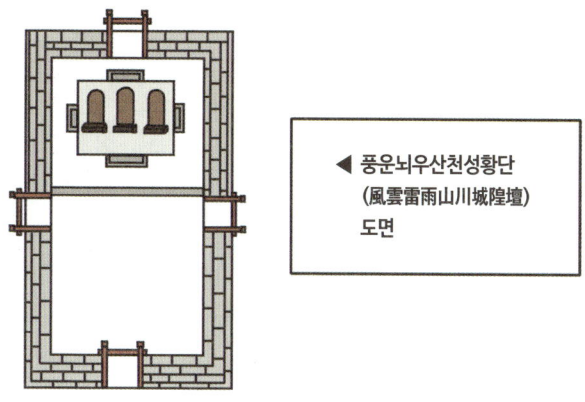

◀ 풍운뇌우산천성황단
(風雲雷雨山川城隍壇)
도면

태종 대에 이르러서 각지에 흩어져 있던
풍운뇌우의 신을 한데 모아 제사를 지내게 했다.

풍백, 운사, 뇌사, 우사는 각각의 기상 현상을 관장하며 인간의 농사일을 도와주었다.

풍백은 바람을 불어 씨앗을 흩날리고, 구름이나 다른 천체들을 움직였으며

운사는 비와 번개를 구름에 실어 세상에 골고루 퍼뜨렸고

뇌사는 번개를 쳐서 땅의 기운을 북돋고,
하늘의 소리를 전달하여 우사가 왔음을 인간들에게 알려주었다.

우사는 비를 내려 땅을 어루만지고,
곡식이 무럭무럭 자랄 수 있게 도와주었으니

기우의례 속에 나타난 주술성과 도덕성

가뭄에 대응한 조선 사회의 태도는 주술적이기도 했고 도덕적이기도 했다. 신에게 기도하는 의례(祈禳)에 못지않게 국왕 자신의 덕을 닦는 의례(修德)도 재난을 극복하는 중요한 실천 양식이었다. 가뭄에 직면한 전통 사회의 기본적인 태도는 먼저 자신과 정치를 돌아보며 반성하는 데서 시작했고, 재난을 극복하기 위해 주술적 효과와 전통적인 관성을 지니고 있는 행위를 실천에 옮겼다.

가뭄을 하늘의 경고(天譴)로 받아들이며, 자책과 더불어 어진 정치(仁政)를 실현해 하늘의 마음(天心)에 부응하고자 한 유교적 관념에서 국왕은 자신을 돌아보면서 반성과 근신을 전제로 한 기우의례를 행했다. 정치를 행하는 주요 전각인 정전을 피해 있거나(避正殿),

수라를 줄였고(減常膳), 북을 치지 않고(勿擊鼓), 술을 마시지 않았으며(禁酒), 담배를 피우는 경우 이 역시 중단했다(禁煙). 이 모두 국왕 스스로 풍요로움을 절제하며 백성의 고통에 동참하려는 근신적인 행위였다. 시장 규모를 축소하고 좁은 지역으로 시장을 옮기기도 했는데(遷市), 이에 대한 해석이 분분하나 마찬가지로 일상의 편안함과 풍요를 억제하고 반성하려는 태도에서 행해진 것이라 파악된다.

어진 정치를 베풀고 각종 구제책을 제시하는 것도 중요하지만 무엇보다 가뭄의 원인을 근본적으로 없애기 위해 엄격한 자기반성을 요구하는 것이 유교적 관념 아래 작동했던 사회의 특징이라 할 수 있다. 기우제를 지낼 때 신에게 올리는 제문(祭文)에서도 국왕은 과오를 시인하고 자신을 책망하고자 했다. 그만큼 자책은 종교적 주술성과 매우 큰 연관성을 지니고 있었다. 특히 성리학적 수양론(修養論)과 경세론(經世論)이 강화될수록, 먼저 자신의 덕을 닦고(修德), 이어서 정사를 바르게 고쳐 잡아(修政) 구제 방법을 구체화하는(修救) 것이 재난에 대처하는 통치자의 가치체계로 받아들여졌다. 이른바 '수덕(修德) → 수정(修政) → 수구(修救)'로 이어지는 일련의 행위는 백성을 다스림(治人)에 앞서 자기 수양(修己)이 먼저라는 유교의 기본 이념을 의례화한 것이라 할 수 있다.

한편 도덕주의적 측면과 동시에 주술적인 측면 역시 확인할 수 있다. 폭로의례(暴露儀禮, ritual exposure)라 불리는 것이 그것인데, 빛과 열에 몸을 쬐거나 태움으로써 주술의 힘을 극대화하려는 기우 행위였다. 폭로의례는 성스러운 기원의식이라기보다는 기후 운행을 적절히 조절하지 못했다고 여겨지는 통치자나 주술사를 모욕 혹은 구타하고, 심지어 죽음에 이르게까지 한 의례적 처벌이다. 즉, 풍요를 초래할 능력을 지닌 국왕이나 무당이 태만하여 가뭄이 비롯되었다는 시각에서 이들에게 신변의 위협을 가하는 처벌이 의례화를 거쳐 문화화된 것이 폭로의례이다. 폭로는 처벌로만 끝나는 것이 아니라 초월적인 존재를 압박하고 자극을 주는 방향으로 전개됐다.

《기우제등록(祈雨祭謄錄)》
ⓒ 서울대학교 규장각한국학연구원

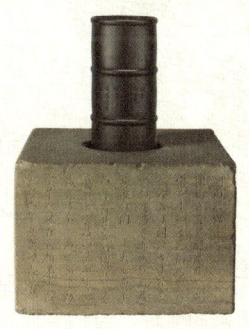

창덕궁 이문원 측우대
ⓒ 국립고궁박물관

　처벌 대상이 주술사에서 국왕으로 전이한 조선에서는 1540년(중종 35) 5월 임금이 궁중을 비롯해 종묘, 사직에 비를 빌고 백관들과 함께 향불을 피우며 하늘에 절을 올린 뒤 온종일 뙤약볕 아래 서 있었다. 이러한 모습이 현대인의 눈으로 보면 허례허식으로 비칠 수도 있겠으나 중요한 것은 이런 의례적인 자책의 초점이 '신'이 아닌

'인간'에게 맞추어져 있다는 점이다.

　친행 기우제는 남단(南壇), 풍운뇌우단(風雲雷雨壇), 우사단(雩祀壇), 북교(北郊), 선농단(先農壇) 등 다양한 장소에서 치러지지만, 신의 성격이나 기능이 구체적으로 표면화되지는 않았다. 비슷한 모양의 신위에 적힌 신의 이름과 축문 낭독을 통해 잠깐 그 신에 관한 이야기를 읽지만 매우 짧게 끝났다. 오히려 국왕의 거동 하나하나에 의례의 초점이 맞춰지고 모든 사람의 관심도 왕에게 모였다. 이를 통해 신들의 신화가 아니라 지극한 정성으로 자연의 변화에 참여하는 인간, 특히 그 인간의 대표인 국왕의 신화가 만들어졌던 것이다.

예나 지금이나 한반도의 대부분은 산과 강으로 이루어져 있다.

그중에서 사람이 거주하는 지역은 굉장히 한정적이었으니

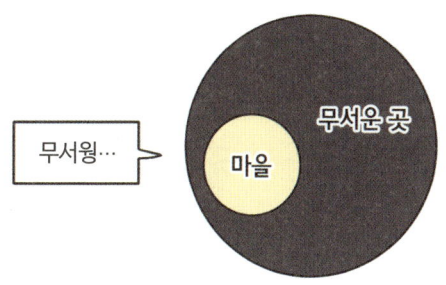

전근대만 해도 마을 이외의 지역은 미지의 영역이자 두려움의 공간이었다.

이 때문에 사람들은 마을의 성황신(城隍神)에게
자신들을 보호해달라며 제사를 지냈고

정말 간절히 원하면
신령님이 나서서
도와줄 것이다!

인간의 힘이 미치지 않는 마을 밖의
산천신(山川神)에게도 안녕을 기원하였다.

이런 마을
싫어요!

다음 생에는
꽃미남으로…

그거는
우리 소관도
아니잖아!

성황신   산천신

12화
명산대천과 성황신

조선은 국내의 이름 있는 산과 강을 골라 제사를 지냈다.

특별히 중요한 19개의 산천을 선정해 '명산대천'이라 칭하고

왕실에서는 이들을 소사(小祀)의 예법으로 모셨다.

이런 신들은 먼 옛날의 애니미즘(animism) 신앙에서 유래했으며

이것이 한국에서는 '산신신앙'과 '용왕신앙'으로 발전했다.

고려시대에 이르자 산천신에 대한 제사는 지역마다 산발적으로 행해졌는데

조선시대에 와서 음사(淫祠)로 취급되어 크게 위축되었다가

*음사: 국가의 허가를 받지 않았거나 사전(조선의 예법서)이 규정한 형식에 어긋난 제사 의례

나라에서 산천신을 유교식으로 관리하면서
명산대천의 제사가 정비된 것이다.

또한 성황신을 모시는 제사도 유교식으로 정비했는데

원래 마을의 성황신들은 '인격신'으로서
그 지역의 유력 씨족이나 조상신의 성격을 띠었지만

유교화를 거치면서 인격신적 요소가 사라지고
마을을 수호하는 기능적 개념만 남게 되었다.

이처럼 산천과 성황에 대한 제사는
유교와 토속신앙이 융합되어 마을마다 자체적으로 전해졌고

마을 주민들의 기억 속에서 유교화로 사라졌던
인격신적인 면모가 살아 숨 쉬는 경우가 종종 발견된다.

이렇듯 조선의 산천신과 성황신은 '유교화'라는 큰 틀에서
기존의 모습과는 다른 변화를 거쳐왔으나

조선 이전의 토속신앙적인 면모를 확인할 수 있는
소중한 전통의 흔적이라고 볼 수 있을 것이다.

> # 유교와 무속이 충돌한
> # 종교 권력의 현장,
> # 성황사

　조선 왕조는 건국 직후부터 성황신에 대한 사전(祀典)을 마련하고 국가 제례에 편입해 제도화하고자 했다. 이는 지방 각 주(州), 부(府), 군(郡), 현(縣)과 같은 행정 단위마다 성황사를 두어 지방관을 중심으로 제사를 거행하게 한 데서 파악할 수 있다. 그러나 이는 어디까지나 법제적 측면에서 확인할 수 있는 표면적인 모습이고, 실제 민간에서는 관(官)이 주도하는 성황제와 별도로 고려시대 이래 무속이나 산신신앙과 융합한 성황신앙이 이어져오고 있었다. 이 때문에 유학자들은 민간 성황제 금지책을 마련하고자 '부정한 제사'라는 낙인을 민간 성황제에 가져다 붙이기 시작했다.

　조정에서는 수시로 음사를 금단하고자 했지만 지방에서 무속화

된 성황신앙은 이에 대항하였고, 따라서 잦은 충돌이 벌어질 수밖에 없었다. 조선 중기에 이르러 마침내 국가 사전 체제에 속하지 않는 제사를 철폐하려는 움직임이 나타나는데 1517년(중종 12) 최숙징(崔淑澄)이 나라의 여러 폐단을 적어 올린 상소 가운데 종교적 풍속을 지적하는 대목이 대표적이다.

최숙징은 무당이 혹세무민하면서 성황과 여러 사당에 신위를 설치해 공양하는 것을 모두 헐어버려야 한다고 주장했다. 기존에 모시는 여러 신을 없애고 오직 후직(后稷)의 신위로 통일해야 한다는 것이었다. 민속 종교에 대한 반감을 드러낸 이 상소를 통해 우리는 당시의 분위기를 읽을 수 있다.

정계에 본격적으로 진출한 사림 세력은 한층 더 근본주의적인 태도를 견지했다. 이들은 부정한 제사에 대한 국가의 미온적 대처에 만족하지 못했고, 훨씬 급진적인 공격을 시도했다. 가장 적극적으로 행동에 나선 것은 개성 지방의 유생들이었다. 개성은 고려의 수도였던 만큼 옛 고려의 종교적 풍습이 짙게 남아 있었다.

1566년(명종 21) 개성 유생 100여 명이 송악산(松岳山)의 유서 깊은 기도 터인 성황당(城隍堂), 월정당(月井堂), 개성당(開城堂), 대국당(大國堂) 등을 불태우고, 나라에서 세운 국사당(國祀堂)까지 공격해 지붕의 기와를 깨뜨렸다. 이뿐만 아니라 궁에서 내관(內官)을 파견해 고려 말의 대표적 충신 최영(崔瑩)을 모시는 사당 덕적당(德積

2015년 강릉단오제 중 대관령산신제 모습(좌)과 유교와 무속이 어우러진 국사성황제 모습(우)
ⓒ 강릉시청

堂)을 조사하러 온다는 말을 듣고는 집회를 개최하기도 했다. 개성 지방의 장관이던 개성유수(開城留守)가 이들을 설득하려 했으나 결국 막지 못하였고, 덕적당은 유생들의 손에 불태워졌다.

훗날의 기록이지만, 김육(金堉)의 《잠곡필담(潛谷筆談)》에는 당시 상황이 좀 더 생생히 기록돼 있다. 이 사건을 주도했던 사람은 김이도(金履道)와 박성림(朴成林)이라는 두 유생이었다. 두 사람은 사람들이 병에 걸려도 약을 구하지 않고 무당을 찾아가 기도만 일삼는 데 격분했다. 사람들이 개성 지역 여러 사당에 쓸 진수성찬을 짓거나 싣고 가느라 북적이자 둘은 다음과 같이 말했다.

"저것들을 태워버리지 않는다면 어떻게 밝은 세상이 우리 성현의 도(道)를 밝힐 수 있겠으며, 긴긴밤에 요사한 기운을 없앨 수 있겠는가?"

두 사람은 200명(앞선 100명보다 2배나 많다)을 이끌고 송악산에 올라가 사당을 불태웠다. 또 사당에 모셔진 신상을 끌어내어 깨부수고 낭떠러지 아래로 밀어버렸다. 그러면서 신상과 사당을 불태웠으므로 사람들이 걱정 없이 생업에 종사할 수 있게 됐다며 기뻐했다.

그러나 이들을 바라보는 국왕의 시선은 곱지 않았다. 명종은 이들을 "사리 판단을 하지 못하고 성급하기 짝이 없는(狂狷) 무리"라며 조소했고, 음사는 저절로 없어질 것인데 어떻게 예전부터 전해 내려오는 성스러운 장소들을 파괴할 수 있느냐며 반박했다. 더군다나 이전에 이미 사당과 신상을 파괴하는 행위를 금하는 명을 내렸는데도 이를 지키지 않았다는 사실에 분노했다. 왕이 보기에 이런 행위는 자신을 경멸하는 태도와 마찬가지였다.

마침내 왕이 유생들을 처벌하려 하자 각계에서 반대 상소가 올라왔고, 그 덕분에 이들은 처벌을 면했다. 훗날 주모자들이 한양에 도착하자 각 관청에서는 "이번에 여러 군자가 기풍을 바로잡아주었다"라고 치하하며 음식을 대접하기에 이르렀다.

이처럼 조선의 유학자들은 유교적 예제가 받아들여지지 않는 공간을 무력으로, 또 사상적으로 공격하면서 무속과 충돌했다. 어쩌면 유교가 예전과 같은 위상을 가지지 못하게 된 오늘날 현대사회에서도 일부 동제(洞祭)나 무속에 유교적 제례 의식의 단면이 보이는 것과 관련이 있는 대목이 아닐까 싶다.

인간은 예부터 거대한 존재에 경외감을 가지고 있었다.

산은 하늘과 맞닿아 있는 거인과도 같았고

바다는 세상과 세상을 나누는 거대한 장벽이었으며

강은 인간 생활에 큰 도움을 주는 인류의 젖줄이었다.

조선 왕실은 이처럼 각각의 함의를 지닌 자연을
악(嶽), 해(海), 독(瀆)이라고 부르며 제사를 올렸다.

嶽 큰 산 악

海 바다 해

도랑 독 瀆

13화
악해독

악해독(嶽海瀆) 제사란 나라에서 '큰 산'과 '바다' 그리고 '강'과 '나루터'의 신들에게 지냈던 제사를 의미하는데

이러한 신들은 유교적 예(禮)에 근거하여 국가의 수호신으로 섬겨졌다.

먼저 악신(嶽神)은 진산(鎭山)의 신을 의미하며
사방에서 들어오는 악한 기운을 물리치고 왕의 영토를 지켜주는 신이다.

보통 다섯 방위의 산을 지정하여 오악(五嶽)이라고 하는데
조선의 경우 제후국의 예법에 따라 동악(東嶽)을 제외한 사악(四嶽)을 모셨다.

바다의 신인 해신(海神)도 악신과 비슷하다.
황제국의 경우 사해(四海)를 모시지만
조선에서는 북해(北海)를 제외한 삼해(三海)를 모셨다.

아무래도 동·서·남해는 예전부터 존승되었지만
북해는 그렇지 않았기에 제외된 것으로 보인다.

마지막 독신(瀆神)은 큰 강의 신으로
사람들의 생활에 많은 도움을 주는 신이다.

강은 고기잡이나 농사를 통해 식량을 얻게 해주고

수로를 따라 원활하게 움직일 수 있는
도로의 역할도 해주었기 때문이다.

이 같은 악해독 제사의 궁극적인 목적은 국가를 수호하고 재앙을 물리치며 백성이 행복하게 살 수 있도록 도와주는 데 있으니

한마디로 호국안민(護國安民)의 정신을 보여주는 대표 사례라고 할 수 있을 것이다.

산천 제례의
국가 제례 편입과 운영

전국 각지에 설립된 산천단묘(山川壇廟)는 상고시대 이래 토지신(地神)으로부터 기원했고 사전(祀典)에 수록된 국가 제례의 일부로 위상을 확립했다.

산천 숭배 자체는 불교나 유교보다도 앞선 전통적 관성에 따른 행위였다. 또한 도읍을 달리하는 왕조의 변화와 이념을 뒷받침하는 사상의 변화에 따라 위상이 달라졌다.

조선 초 태종은 한양 천도를 확정 짓고 여러 국가 의례를 정비하는 과정에서 산천 숭배를 약화하려 했으나 이를 단절시키진 못하고 사전에 축소한 형태로 수록하였으며, 세종은 오례 체제를 정비하면서 이후 성립된 《국조오례의》에 수록된 산천제 대상을 직접적으로 정립했다.

  조선은 민간신앙으로 머물러 있던 산천신앙을 국가 제례에 편입하면서 호국 의식과 변경 의식을 고양해 중앙집권체제를 확립함과 동시에 가뭄이 도래했을 때 바람과 구름을 불러일으킬 수 있는 존재로서 산과 강, 바다에 주목했다. 또한 중국에서 산천에 등급을 매기지 않은 것과 달리 조선에서는 중사(中祀)에 악·해·독을 두고 소사(小祀)에 명산대천을 두었다.

  악·해·독은 국토를 수호하는 개념 외에 물난리나 가뭄을 주재하는 성격도 가지고 있었다. 악·해·독에 정성을 다해 제사를 올리면 적절한 비가 내린다고 믿은 것이다. 따라서 이들에 대한 제사 시기는 대체로 봄과 가을이지만 특정한 날짜가 정해지지는 않았고, 가뭄이 심해질 때 이들을 포함해 다양한 신을 대상으로 기우제를 시행했다.

  악·해·독은 기우제와 밀접한 관련이 있었고, 실제로 관련 기사 대다수는 수시로 시행되는 기우제와 비를 내려준 데 보답하는 제사인 보사제(報祀祭)를 언급하고 있다.

  한편 악·해·독에 대한 제사를 모실 때는 그들이 속한 방위에 맞춰 제물과 함께 폐백을 올린 것이 특징이다. 동해에는 청색, 지리산과 남해에는 적색, 삼각산에는 황색, 송악산과 서해에는 백색, 비백산에는 흑색을 사용하고 각 독에도 흑색을 사용했다.

2020년 계룡산 산신제 제향 장면

　원래 폐백은 제사 후 축문과 함께 불태우는데 이는 천신과 인귀를 모신 제사에만 해당됐다. 악은 땅의 신에 해당하므로 축문과 폐백을 태우는 대신 예감(瘞坎)이라는 장소에 묻었으며, 해와 독은 물의 신이므로 이를 물에 넣었다고 한다.

저마다의 종교나 철학에 따라 세상을 바라보는 눈은 달라지는 법이다.

오늘날 현대인이 공유하는 과학적 지식은 비슷비슷한 수준이지만
각자의 신앙이나 가치관에 따라 사고방식은 천차만별인데

질서선
어서 오세요! 뭐 도와드릴 일이 있나요?

중립선
안녕하세요.

혼돈선
와! 인간! 너 뭐야? 뭐야? 어?

질서중립
편히 쉬다 가시길.

완전중립
……

혼돈중립
인간이 여기는 왜 온 거야?

질서악
문제를 일으키면 단칼에 베겠다.

중립악
가까이 오지 마.

혼돈악
하등한 인간놈! 죽어라!!!

그렇다면 과연 옛날 사람들은 세상을 어떻게 바라봤을까?

과거 동북아시아 사람들은 우주라는 거대한 세상을
음양오행설(陰陽五行說)로 설명했다.

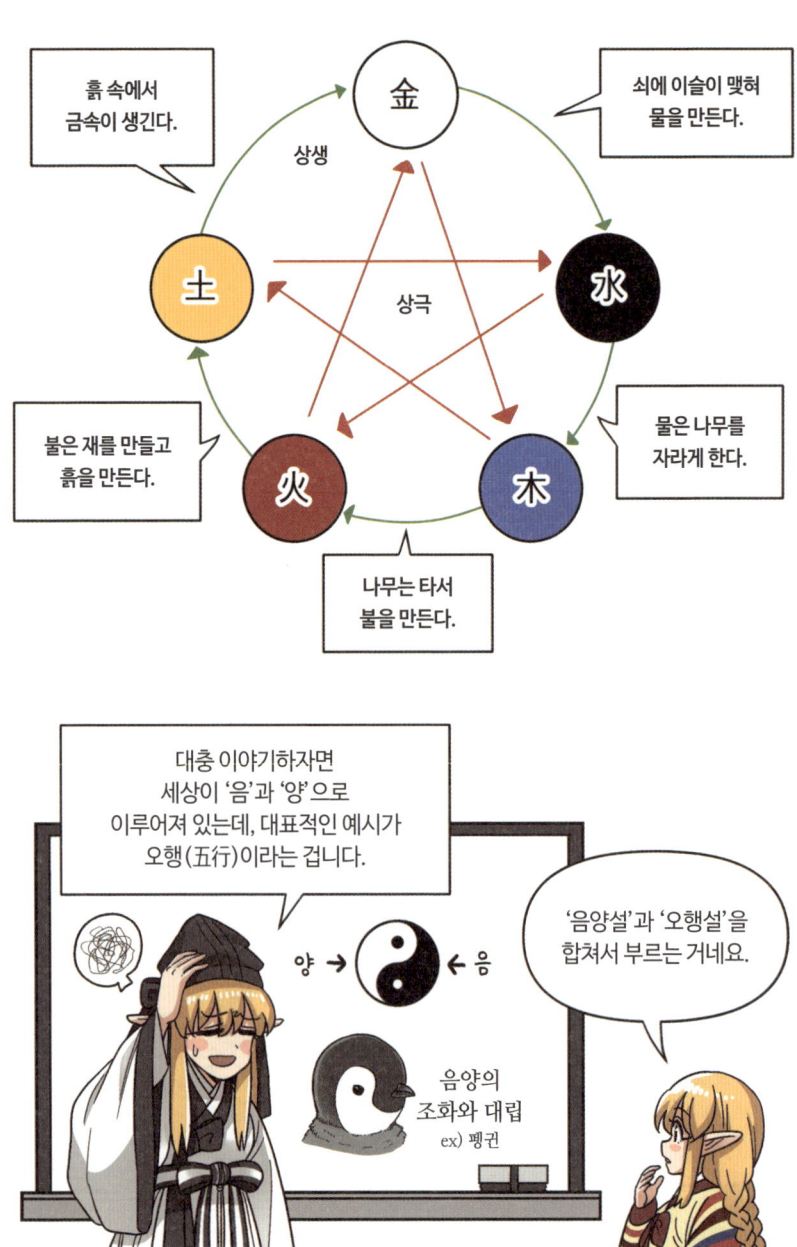

14화
우사단의 여섯 신

오행이 우주 만물을 이루고 있다는 관념은
옛날 사람들의 사고방식에 큰 영향을 미쳤다.

우주에서 일어나는 모든 현상부터 시작해
일상생활의 소소한 일까지 모두 오행을 연관 지어 생각한 것이다.

▲ 다섯 방위 오방(五方)

▲ 다섯 색깔 오색(五色)

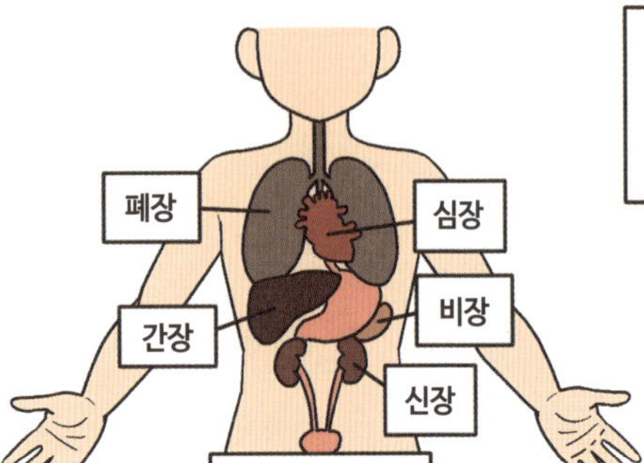

▲ 다섯 장기 오장(五臟)

▲ 다섯 맛 오미(五味)

이것이 동북아시아 신화에도 적용되어 오방신의 개념이 탄생했는데

이제 신이 5개!

오방신은 오행에 맞춰 각각의 현상을 관장하는 존재로 인식되었다.

▲ 물의 신
현명(玄冥)

겨울의 신이자
북쪽을 담당.

▲ 나무의 신
구망(句芒)

봄의 신이자
동쪽을 담당.

▲ 금속의 신
욕수(蓐收)

가을의 신이자
서쪽을 담당.

토지의 신 ▶
후토(后土)

오방신의 대장이자
중앙을 다스리는 신.

◀ 불의 신
축융(祝融)

여름의 신이자
남쪽을 담당.

이러한 오방신은 오방상제의 보좌관으로서 유교에 편입되었고,
조선에서도 예법에 따라 이들에게 제사를 지냈다.

조선의 경우, 우사단(雩祀壇)이라는 제단에서
오방신과 농사의 신 후직을 같이 모셨는데

오곡의 신 겸
농사의 신 **후직**

이 우사단이라는 것은 오로지 기우제(祈雨祭)만을 지내기 위해 만들어진 제단이다.

이를 보면 조선에서 인식한 오방신의 '신격'이
농사와 관련된 '계절'에 더 무게를 두고 있음을 알 수 있다.

조선 전기의 우사단 제사는
신하가 왕을 대신해서 진행하는 섭행(攝行) 의례였는데

조선 후기에는 우사단의 중요성이 재조명되어
왕이 직접 친행(親行)에 나서기도 했다.

우사단에 모셔진 여섯 신은 후토, 후직을 제외하고
모두가 각각의 계절을 담당하고 있는데

여기서 겨울을 담당하고 있는 현명의 경우, 오방신 가운데 유일하게
사한단(司寒壇)이라는 제단에서 따로 제사를 받았다.

이는 현명이 추위를 담당하는 사한신이자
계절과 눈을 담당하는 '유일한' 신이었기 때문으로

즉, 조선 왕실에서는 겨울과 관련된 모든 일을
현명에게 전담하도록 한 것이다.

이처럼 유교에서는 왕실의 필요에 따라
각각의 신에게 주어진 특정한 권능이 부각되기도 했고 희미해지기도 했다.

이는 유교가 예(禮)라는 제도적 규범을
국가의 신들에게 어떤 방식으로 적용하려 했는지
고민한 흔적을 엿볼 수 있는 사례이다.

한편으로는 오방신의 권능을 파악하고 적재적소에 두어
명분에 맞는 제사를 지내고자 한 유교의 특징을
잘 보여준다고도 할 수 있다.

기우제의 현장, 우사단

고대 중국에서는 비를 비는 제사를 특별히 '우(雩)'라고 칭했다. '우'란 비를 갈구하며 하늘에 부르짖는 소리라는 의미이다. 《설문해자(說文解字)》에서는 이 '우'가 깃털을 가지고 춤추는 모습을 형상화한 '우(雩)'와 같다고 풀이했다. 하늘을 향해 소리치며 비를 갈구하고 깃털을 흔들며 춤추는 모습은 유교의 일반적인 제사와 많은 차이를 보인다. 《주례(周禮)》에서 "사무(司巫)는 큰 가뭄이 들면 무당을 모아 춤추며 비를 빈다(舞雩)"고 하였는데, 여기서 알 수 있듯이 우사(雩祀)는 무당이 주재하는 제사였고, 이때 춤은 매우 중요한 요소였다.

우사는 고려시대부터 국가 제례 대상으로 편입됐다. 그러나 조선의 우사와 고려의 우사는 서로 여러 면에서 구별됐다. 고려의 우사는 4월 원구단에서 지내는 제천의례(祭天儀禮) 중 하나였다. 즉 원구단과 구별되는 별도의 제단이 있지는 않았고, 호천상제(昊天上帝)와 오제(五帝)를 대상으로 했다.

조선은 제후국이어서 하늘에 직접적으로 제사를 지낼 수 없었다. 따라서 고려의 원구단을 폐지하고 별도의 우사단(雩祀壇)을 건립했다. 자연히 원구단에서 지내던 우사의 주신인 호천상제와 오제를 모실 수 없으므로 《예기》〈월령〉의 "천자는 상제(上帝)에게 우사를 지내고, 제후 이하는 상공(上公)의 인신(人神)에게 우사를 지낸다"는 데서 근거를 취해 구망, 축융, 후토, 욕수, 현명, 후직 등 6명의 제사를 지내게 되었다.

조선 전기 우사단에서는 무당을 모아 기우를 지낸 경우도 있었다. 이것은 고려시대 무당을 통해 비를 빌었던 관습에 따른 것이지만 곧 사라졌다. 한편 우사단 건립 이후에도 원구단은 잠시나마 유지됐다. 결국 우사단이 원구단의 제천의례를 대신한 것이라기보다 오히려 기우제를 위한 제사 공간을 하나 더 추가한 것과 같았다. 그러나 세조 재위기 제천의례 폐지와 함께 원구단이 사라지면서 우사단은 원구단을 대신하여 기우제를 위한 제사 공간으로 자리매김했다.

유교 경전이나 역사적 사례를 살펴볼 때 국가 기우제에서 우사가 차지하는 비중은 매우 높았다. 유교 의례에 대한 인식이 약했던 고려에서도 원구단 우사는 자주 등장했다. 그러나 조선시대 우사는 고려나 중국에서와 같은 지위를 누릴 수 없었다. 무엇보다도 제사 대상에서 그 원인을 찾을 수 있다.

성동구에 소재한 동빙고 터 표지석

성동구에 소재한 사한단 터 표지석

우사단에 모인 여섯 신은 기우와 직접적인 연관성을 가지고 있지 않았고, 이들이 권능을 발휘하는 근거는 오행이었다. 실제로 후직을 제외하면 이들은 오제 아래에서 각 상제를 보좌하는 역할을 하는 신이다. 그리하여 목(木)·화(火)·토(土)·금(金)·수(水)의 오행, 계하(季夏)와 사계절, 오방 등과 연결하여 이들에게 비를 갈구한 것이다. 이런 이유에서 각 신의 개별적인 신화는 오행의 보편적인 성격에 흡수되었고, 비를 내리는 기능신으로 인식되었다. 이 같은 내용은 우사단 제사에 쓰인 제문(祭文)에서도 발견할 수 있다. 다음은 이준(李埈)의 문집《창석집(蒼石集)》에 실린 구망과 욕수에 대한 제문이다.

공경하옵는 밝은 신은 해 돋는 곳이 집이니

215

만물을 발생시키는 직분을 맡았습니다.

신위는 서쪽 끝에 있으며 덕은 금천과 짝을 이루시고
만물을 이롭게 완성하시니 이는 해마다 이루시는 일입니다.

위 제문에서처럼 우사단 신들의 힘은 오행에 근거했다. 상대적 비교에 따를 때 이들의 위치는 애매했지만 이것이 결코 축소나 폐지를 의미하지는 않았다. 기우제는 하나의 제단에서만 지내던 것이 아니라 다원화된 제사 의례였기 때문이다. 다만 우사단이 기우와 가장 밀접한 이름을 가졌음에도 제사 대상의 기능적 측면에서 풍운뇌우와 여러 산천신들보다 기우에서 가장 거리가 멀었다는 게 아이러니할 뿐이다.

이태원의 도시경관 일부로 흔적만 남은
우사단로의 도로명 표지판

유교(儒敎)라는 말을 들었을 때 가장 먼저 떠오르는 인물은 누구인가?

아마 대부분의 사람들은 공자(孔子)를 떠올릴 것이다.

공자는 유교를 상징하는 대표적인 인물로서
동북아시아의 역사를 이야기할 때 빠지지 않고 등장하는데

중국의 왕조들이 공자를 왕으로 추존(追尊)하여 국가적으로 제사를 지내자 공자에 대한 신앙이 유교와 함께 동북아시아 전체로 전파되었기 때문이다.

이 때문에 민간에서는 공자를 신으로 숭배하거나 다른 종교의 성인(聖人)들과 비교하기도 했다.

15화
문선왕과 제자들

때는 기원전 6세기 중반!
당시 중국은 주(周)나라의 봉건제도가 무너지고
각지의 제후들이 패권 다툼을 시작한 춘추(春秋)시대였다.

질서와 정의가 사라진 혼란한 시기에
노(魯)나라의 수도 곡부(曲阜)에서 한 아이가 태어났으니

이 아이가 바로 은나라 왕실의 후손이자, 사(士) 계급 출신의 공자였다.

공자는 어려서부터 주공(周公)을 존경하여
예(禮)를 익히면서 놀았다고 하는데

그런 영향 때문인지
15세 무렵부터 학문을 시작하여
19세의 나이에
벼슬길에 올랐다고 한다.

20대를 거치면서 공자의 학문이 날로 발전했고,
유명세를 얻어 30~40대에 이미 수많은 제자를 가르치게 되었으며

50대가 넘어서는 제자들과 함께 자신의 정치적 이상을 실현하기 위해 수많은 국가를 돌아다니며 유교 사상을 전파했다.

하지만 공자의 꿈은 현실과 이상의 괴리를 드러내며 끝내 이루어지지 못했고···

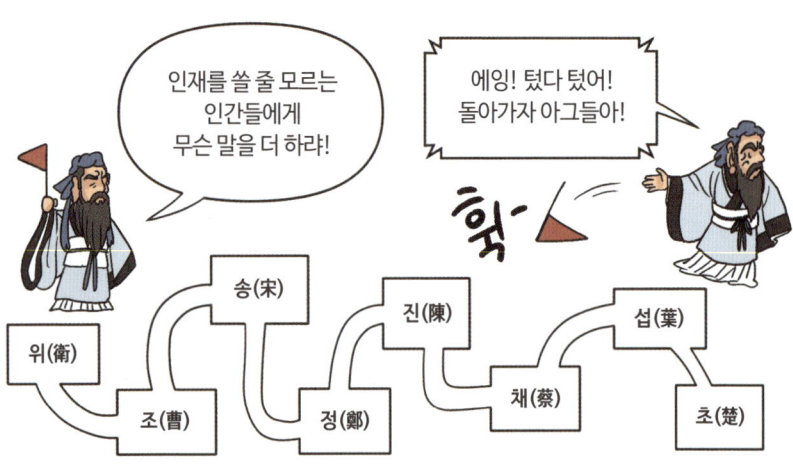

고향으로 돌아와
죽기 전까지 제자 교육에 힘쓰고
책을 집필하면서 여생을 보냈다.

비록 공자 자신이 살아생전에 본인의 이상을 실현하지는 못했지만

공자의 사상은 그가 남긴 저서와 제자들의 활동 덕분에
수많은 왕조의 통치 이념으로 수용될 수 있었다.

論 논: 공자와 제자들이 서로 토론한 것

語 어: 공자가 제자들에게 전해준 가르침

유가(儒家)라고 불리는 유학자 집단은 공자의 등장에 힘입어 체계화되었고
한나라 때에 이르러서는 공자에 대한 국가 제사도 본격적으로 시작되었는데

이후 공자에 대한 제사를 석전(釋奠)이라고 불렀으며, 유교를 받아들인 국가들은 각자 문묘(文廟)를 설치하고 석전 제사를 지내게 되었다.

▲ 한국(조선·대한제국)식   ▲ 대만식   ▲ 베트남식   ▲ 일본식

한국에서는 일찍이 삼국시대부터 공자와 제자들에게 제사를 지냈으며

공자 in 신라!

조선시대에는 서울의 성균관 대성전(大成殿)과 각 지방의 향교(鄕校)마다 문묘를 설치하고, 공자와 여러 유학자들에게 제사를 지냈다.

서울 성균관 대성전

문묘에서 모시는 인물들은 시대가 흐르면서 약간씩 달라지기도 했는데

조선 말기에는 무려 133명...

조선의 경우 촉한정통론(蜀漢正統論)에 따라
위(魏)나라, 진(晉)나라의 학자들을 빼버렸으며
성악설(性惡說)을 주장한 순자(荀子)도 제사 대상에서 제외했다.

쯧쯧...
유비의 촉나라가
진짜 중국이거늘...

위나라 조조놈
신하들은 다 빼버려!

시무룩...

인간의 본성은
악하니까 교정해야...

순자는 법가에
오염되었으니
모실 수 없다!

이후 1949년에는 공자와 직계 제자 및 송나라와 조선의 유학자를 포함한 39명의 신위만 모시게 되었으니

▼공자를 포함한 오성(五聖)

| 증자 증삼 | 맹자 맹가 | 공자 공구 | 안자 안회 | 자사자 공급 |

▼공자의 수제자
공문십철(孔門十哲)

염경, 민손, 재여, 염옹,
염구, 단목사, 전손사,
언언, 중유, 복상

▼성리학의 대가
송조육현(宋朝六賢)

주돈이(周敦頤), 정호(程顥), 정이(程頤)
장재(張載), 소옹(邵雍), 주희(朱熹)

다음 화에서는 문묘에서 모셨던 조선의 유학자들에 대해 알아볼 것이다.

모두 18명이나 되네…
ㄷㄷ

ㅎㄸ

> # 소상으로 모셔진 공자를 대하는
> # 어느 유학자의 시선

    역사적으로 돌이켜봤을 때 공자는 제대로 된 벼슬을 얻지 못하고 천하를 유랑한 인물이다. 그런 공자가 왜 오늘날 중국이나 일본을 비롯한 동아시아 세계에서는 면류관을 쓴 제왕의 형상을 한 소상으로 받들어 모셔지는 것일까? 또 왜 유독 한국에서는 공자의 소상이 존재하지 않고 신위로 모셔지게 되었을까? 이는 공자 숭배와 깊은 연관이 있다.

    공자는 사후에 추종자들에 의해 '왕관이 없는 왕', 즉 소왕(素王) 으로 숭배됐다. 이를테면 서양 그리스도교에서 받드는 예수 같은 존재처럼, 한(漢)나라 이전 유가들은 공자에 대한 신비화와 신격화를 진행했다. 그리고 마침내 한나라에서 공자에 대한 숭배가 제도화되면서 마침내 그를 제왕에 버금가는 신성한 존재로 섬기게 됐다.

조선에서도 중국과 마찬가지로 공자를 성인으로 섬겼고 소상을 두어 제사를 모셨던 것으로 보인다. 공자 숭배를 둘러싼 종교적 정서가 만연했던 당시 세계에서 소상으로 모시든 신위로 모시든 공자를 종교적 신앙의 대상으로 삼았음은 분명하다. 그런데 흥미롭게도 조선 전기 김종직(金宗直)은 성주향교의 교수로 부임하면서 '부처의 궁전과 같은 대성전(大成殿, 공자와 여러 성현을 모신 전각)'을 보고 '분노'를 일으켰다. 왜 그는 공자의 소상에 불만을 드러냈을까? 김종직의 문집 《점필재집(佔畢齋集)》〈알부자묘부(謁夫子廟賦)〉에 수록된 그의 말을 한번 들어보자.

"성령이 머물기에 마땅한 곳이 못 되는구나. 사당의 좋지 못함이 개탄스럽다. 비록 제기(祭器)가 정결하다 해도 귀물(鬼物)이 옆에서 넘볼까 두렵구나."

현대 기독교적 가치관에 익숙한 우리에게 조선시대 사람이 말하는 성령이라는 단어는 굉장히 낯설게 들린다. 그러나 전통 사회에서 성령이란 대표적으로 공자의 영을 가리키는 말이었다. 이런 곳에 성인의 영이 오셔서 머물기보다는 잡귀들이 몰려와 제물을 빼앗아 먹을지 모른다는 언급에서, 우리가 흔히 기대하는 이성적인 유학자의 모습은 보이지 않는다. 일반적인 유교 철학 범주에서 이해하기 힘든 이 인식은 도대체 어디서 기인했을까? 다시 김종직이 언급한 다른 말을 들어보자.

"옛날 부자께서 천하를 주유하실 때 구이(九夷)를 비루하게 여기지 않으셨다. 우리 동해(東海)의 문명은 일찍이 어질고 현명한 이들이 다스리던 곳이니 진실로 존숭의 도가 있으면 마땅히 부자께서 편안히 오실 것이다."

김종직은 조선이 공자의 영이 임하기에 부족함이 없는 곳이라는 자부심을 가지고 있었다. 그러나 이것이 전제되기 위해서는 올바른 존숭 방법이 필요했다.

"하물며 부자의 정신은 물이 땅속에 있는 것과 같아서 구하면 반드시 있고 도가 여기에 통한다. 왜 꼭 형상을 보고 제사를 하여 장엄하게 밝히기를 바란단 말인가? 황금으로 본을 뜬다고 해도 안 될 것을 또 흙과 나무로 닮게 한단 말인가?"

김종직에게 공자의 영이란 땅속에 지하수가 흐르는 것처럼 만물에 내재해 있다. 그러니 화려한 형상을 만들어 제사하는 것은 소용

영천향교 대성전 내부에 모셔진 위패들
ⓒ 문화재청 국가문화유산포탈

중국 취푸시 공묘 대성전 내에 모셔진 공자의 소상과 위패 ⓒ 위키미디어

이 없었다. 여기서 우리는 기독교 역사에서 대두됐던 성상파괴주의를 확인할 수 있다. 너무나 초월적인 것은 형상으로 표현할 수 없으므로 닮게 만들 수 없다. 그러므로 닮게 만드느니 추상적인 편이 낫다. 이것은 표준화된 이론 체계에서 일탈하는 독특한 표현의 일종이었다. 우리는 조선시대 사회가 온전히 유교라는 규범적 틀에서 '절대로' 벗어나지 않았으리라 착각하는 경향이 있다. 그러나 이처럼 행간에 숨어 있는 세계관을 마주했을 때 그러한 통념은 깨지기 일쑤다.

우리는 당시 사람들이 성인의 영을 상상하는 방법이 얼마나 풍부하고 다양했는지 돌아볼 필요가 있다. 이것은 단순히 대상을 인식하는 측면을 넘어서 당대의 종교적 세계관을 보다 생동감 있게 그리는 데 매우 중요한 단서가 된다.

인류는 교육을 통해 특정한 지식을 다음 세대에 물려준다.

교육을 통해 쌓아온 지식은 인류가 문명을 이룩하고
사회를 유지·발전시키는 데 중요한 역할을 했는데

전근대의 수많은 지식인이 줄곧 교육의 필요성을 역설했고
나라마다 나름의 교육 기관을 설치하여 지식을 전승해왔다.

한국은 삼국시대부터 명확한 교육 시설이 등장했는데

▲ 고구려
태학(太學), 경당(扃堂)

▲ 신라
국학(國學)

고려시대에 유교적 교육 시설인 향학(鄕學)이 설치되었으며 이는 조선시대의 향교(鄕校)와 서원(書院)으로 이어졌다.

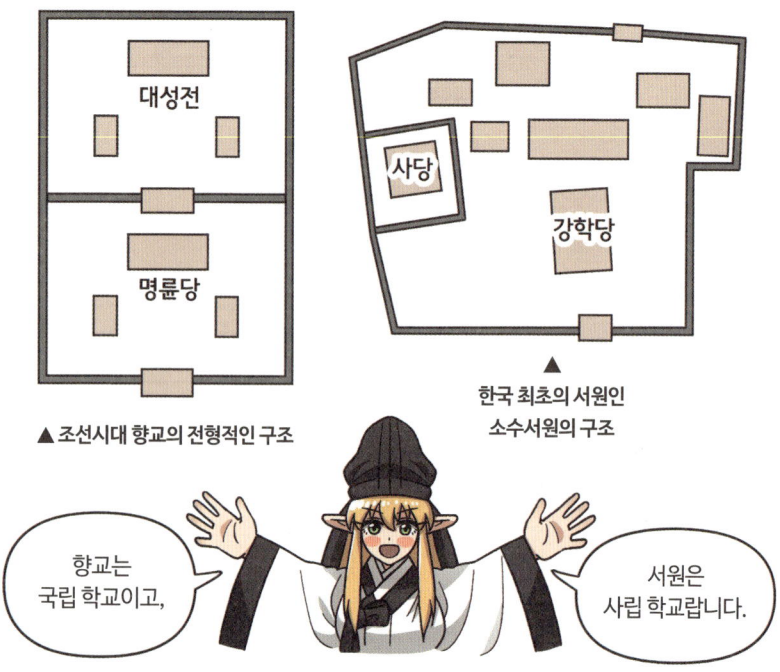

▲ 조선시대 향교의 전형적인 구조

▲ 한국 최초의 서원인 소수서원의 구조

16화
동국 18현

전근대의 교육은 동서양을 불문하고 당시의 종교와 맞물려서 발전했다.

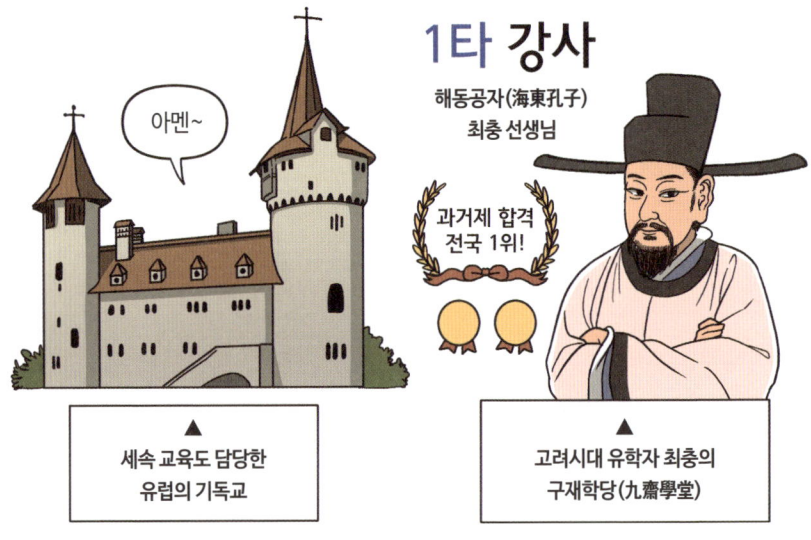

▲ 세속 교육도 담당한 유럽의 기독교

▲ 고려시대 유학자 최충의 구재학당(九齋學堂)

이는 교육 기관이 단순 교육만 담당한 게 아니라 종교적 행위도 병행했음을 의미하는데

조선의 향교와 서원에서 학문을 공부하는 교육 기능과 선대 유학자들에게 제사를 지내는 제향 기능을 동시에 수행한 것이 대표적 예이다.

향교에는 문묘가 설치되어 공자와 제자들에게 제사를 지냈고, 서원에서는 그 지역 출신 학자나 선배 유학자들을 모셨는데

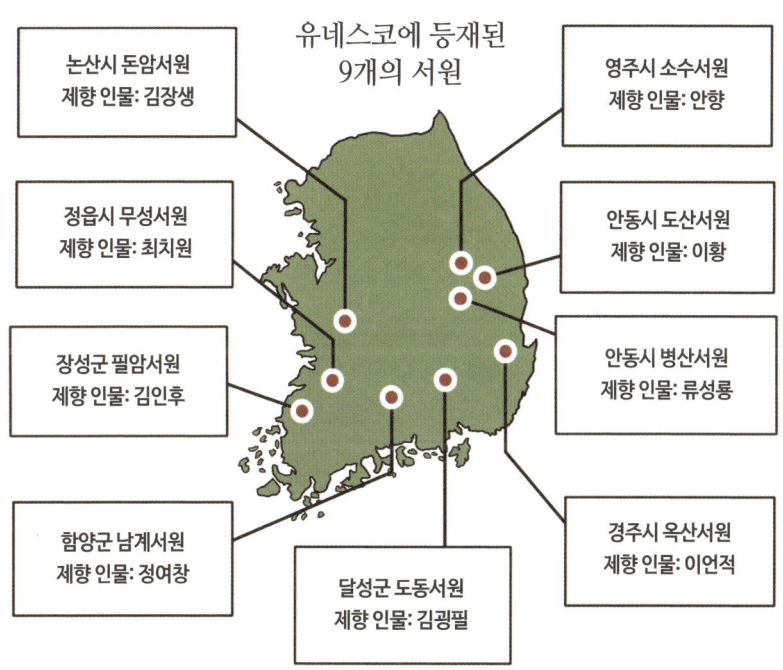

특히 문묘에는 동국 18현(東國 十八賢)이라고 하여
우리나라의 학자 18명을 '인귀'로 모시고 제사를 지냈다.

▲제1위 설총(薛聰)
▲제2위 최치원(崔致遠)
▲제3위 안향(安珦)
▲제4위 정몽주(鄭夢周)
▲제5위 김굉필(金宏弼)
▲제6위 정여창(鄭汝昌)
▲제7위 조광조(趙光祖)
▲제8위 이언적(李彦迪)
▲제9위 이황(李滉)
▲제10위 김인후(金麟厚)
▲제11위 이이(李珥)
▲제12위 성혼(成渾)
▲제13위 김장생(金長生)
▲제14위 조헌(趙憲)
▲제15위 김집(金集)
▲제16위 송시열(宋時烈)
▲제17위 송준길(宋浚吉)
▲제18위 박세채(朴世采)

*여기서 위(位)는 인물의 순위가 아니라 배향된 순서이다.

이들은 모두 조선에서 인정한 대학자이자 현인(賢人)으로 후대의 학자들에게 큰 존경을 받은 인물들이다.

문묘에 배향되었다는 것은 여러 가지 까다로운 조건을 모두 만족했다는 뜻이므로

문묘의 현인들은 종묘에 배향된 공신들보다 더 좋은 대우를 받았으며

현인을 배출한 가문 또한 그 어떤 양반 가문보다 귀한 대우를 받았다.

그렇기에 문묘에 배향된 동국 18현은 유교에서 추구하는 이상과 가치를
모두 충족한 최고의 유학자라고 할 수 있을 것이다.

* 거유(巨儒): 학식이 높고 이름난 유학자

후대의 유학자들은 동국 18현을 정신적 지주로 삼아
그들처럼 되기 위해 온갖 노력을 기울였고

그들의 혼백을 기리기 위해서
꾸준히 제사를 지냈으니

이러한 전통은 현재까지도 이어져서
매년 2월과 8월의 석전 제사일마다 전국 각지의 향교에서
동국 18현에게 올리는 제사가 이루어지고 있다.

혹시라도 기회가 된다면 석전 제사가 치러지는 날에
각 도시에 있는 향교를 방문하여 관람하는 것을 추천해본다.

도통과 문묘종사
: 조선을 이해하는 또 하나의 키워드

문묘(文廟)는 공자와 그 제자들, 그리고 후대에 학문적 공이 큰 학자들을 성현(聖賢)으로 모시고 봄가을에 석전제(釋奠祭)를 지냈다. 여기에는 동방, 즉 신라 이래 조선의 유학자들도 함께 모셔졌는데, 누구를 문묘에 모실 것인가는 당시의 학문적 경향 및 정치적 권위와 관련하여 매우 중요한 문제였다.

공자 이래 성인이 제시한 인간 문명의 정수를 계승하는 계보를 성리학에선 '도통(道統)'이라 지칭했다. 공자 → 증자(曾子) → 자사자(子思子) → 맹자(孟子)에서 끊긴 도의 전승이 북송시대에 이르러 주돈이(周敦頤) → 장재(張載) → 정호(程顥) → 정이(程頤) → 주희(朱熹)로 이어졌다는 성리학 계열의 도통론은 원(元)나라에 이르러 국가적으로 공인되었다. 도통을 이은 이들은 동일하게 문묘에 종사(從祀)됐다. 즉 문묘는 도통이 국가적으로 공인되었음을 확인하는 장소이기도 했다.

조선에서는 고려 말 성리학이 수입되면서 자체적인 도통이 구성되었고 이것이 문묘종사로 이어졌다. 이는 사림이 정권을 장악한 조선 중기 중종 재위기부터 두드러지게 드러난다. 성종 때부터 훈구 세력과 대립하면서 성장한 사림 세력은 연산군 때 두 차례 사화(士禍)를 거치면서 자신들의 학문적 정체성을 형성해갔다. 이러한 정체성의 표현 수단이 바로 도통이었다. 사림은 자신들의 학문적 연원을 고려 말의 충신이자 유학자인 정몽주(鄭夢周)로부터 찾았다. 그리고 자신들과 정몽주를 이어주는 연결고리로 도통을 통한 계보를 완성했다.

이렇듯 정치적 정체성이 강한 도통에 비판을 제기한 것은 이황(李滉)이었다. 이황은 김종직을 비롯한 김굉필(金宏弼)과 조광조(趙光祖)는 도학의 성취가 확인되지 않는다면서, 이들이 학문적으로 도통을 잇고 있다고 보기는 힘들다고 생각했다. 당시 조선에서는 '절의(節義)'라는 키워드로 도통을 만들어냈다. 그러다 보니 도학 자체의 내용으로는 계보가 이어지지 않는다는 문제점이 있었다. 이황은 도학의 잣대를 놓고 봤을 때 도통의 계보에 이름을 올릴 사람은 이언적(李彦迪)이라고 주장했다. '절의' 대신에 '학문'이라는 기준을 다시금 제시한 것이다. 이러한 관점에서 추진된 것이 선조 재위 초년부터 제기된 오현종사(五賢從祀)의 요청이었다. 오현은 바로 김굉필, 정여창(鄭汝昌), 조광조, 이언적, 이황을 가리킨다. 오현종사는 1610년(광해군 2)에 와서 비로소 이루어졌다.

도통의 정통성을 언급하게 되니 자연스럽게 도통은 자신과 자신에게 반대되는 편을 정통과 이단으로 가르는 가치로 작용하기도 했다. 정통성을 인정받지 못하면 이단으로 몰리거나 붕당을 편성한 벌을 받지 않을 수 없었고, 따라서 정치적 지향을 관철하려면 스스로 도의 정통임을 자임하고 정통으로 인정받는 것이 필수적으로 요구됐다.

정통성을 확립하기 위한 성리학적인 방법은 자신의 세력을 중심으로 도통의 계보를 수립하는 것이었다. 공자와 그 제자들, 그리고 학문적 측면에서 길이 역사에 이름을 남긴 소수의 인물, 이른바 성현들이 모셔진 문묘에 종사된다는 것은 누구도 넘볼 수 없는 절대적 권위를 획득하는 것이나 마찬가지였다. 더욱이 시대를 내려오며 종사된 유학자들의 계보는 단순히 학문의 전승을 뜻하는 것이 아닌 인간 문명의 정수를 전한 도통으로 간주됐다. 따라서 문묘에 종사된다는 것은 그가 도를 이해하고 실천한 성현이었음을 공인하는 절차인 셈이었다.

석전제는 이러한 유교 이념의 이상을 거듭해서 사회에 천명하는 의식이라고도 할 수 있겠다. 다만 여기서 거행된 문묘종사가 집권층의 권력을 문화의 형태로 뒷받침해주는 수단으로도 이용됐음을 알아야 한다. 즉, 도통을 이용해 이념적 우위를 차지하기 위한 정치 세력 간의 투쟁으로 해석할 수 있는 것이다. 이렇듯 이념이 가진 서로 다른 두 얼굴을 균형 있게 바라보아야 우리는 그것의 과거와 현재 가치를 제대로 평가할 수 있을 것이다.

환인의 아들 환웅이 인간 세상으로 내려와
사람들을 다스리고 있을 무렵…

인간을 부러워하던 곰과 호랑이가 살고 있었다.

곰과 호랑이는 환웅을 찾아가서 인간이 되고 싶다고 빌었는데

바야흐로 두 짐승의 채식 생활이 시작된 것이다.

17화
단군왕검

곰과 호랑이는 환웅이 말해준 대로 동굴 속에서 수행을 시작했다.

하지만 육식동물인 호랑이는
얼마 버티지 못하고 뛰쳐나갔고···

끝까지 버려낸 곰은 21일 만에 인간이 되어 소원을 이루게 되었다.

이후 환웅은 웅녀와 결혼하고
이들 둘 사이에서 아들이 태어났는데

이 사람이 바로 고조선을 건국하게 되는 단군왕검(檀君王儉)이다.

이상의 이야기는 여러 역사책에 기록되어 있는 단군신화의 줄거리로,
고려시대 무렵에 형성되어 퍼진 것으로 추정된다.

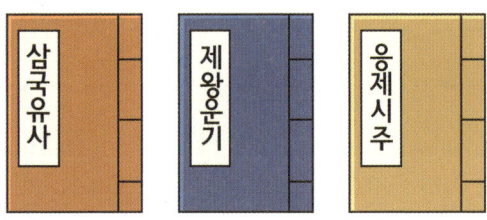

원래 단군은 평양 일대에서 모시던 지역신에 가까웠는데

고려시대에 이르러 단군을 시조로 하는 공동체 의식이 형성되었고
삼한(三韓)의 백성을 모두 통합하는 시조신으로 섬겨지게 된 것이다.

이러한 관념은 조선시대까지 그대로 이어졌는데
국가 차원에서 역대 시조묘(歷代始祖廟)를 세우고
단군에 대한 제사를 지내기 시작했다.

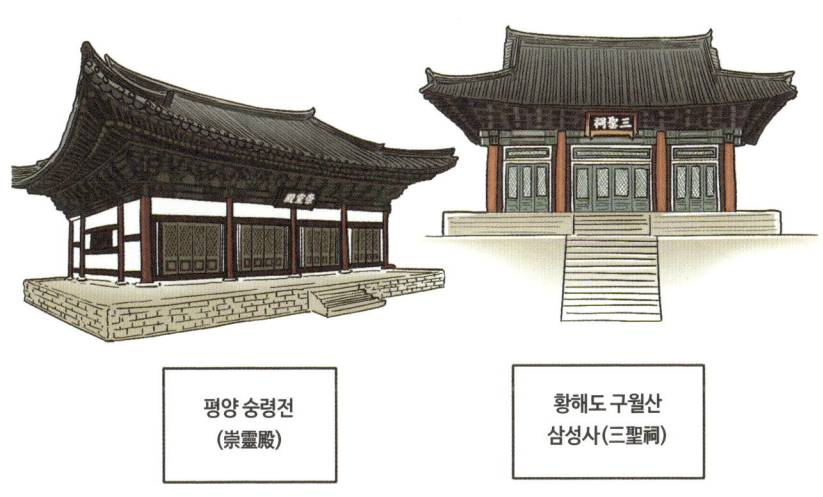

평양 숭령전
(崇靈殿)

황해도 구월산
삼성사(三聖祠)

조선에서 인식한 단군의 이미지는,
한국 역사상 최초의 국가인 조선(朝鮮)을 건국하여
동방에서 처음으로 천명(天命)을 받은 인물이었는데

식민지 시기를 거치면서 독립운동가들에 의해
단군의 민족 시조적 면모가 다시금 부각되기 시작했다.

나라의 주권을 되찾고자 했던 당시 지식인들이
전통적 가치관에서 중시해오던 유교와 공자에 한계를 느끼고

외래의 신이 아닌 고유의 신이었던 단군을 발견해내면서
새로운 민족의 시조를 탄생시킨 것이다.

민족의 시조
단군 인식의 발전상

    단군이 한민족(韓民族)이라는 집단의 시조로서 보편적으로 인식된 것은 고려 말의 일이었다. 14세기까지 단군은 대체로 평양 지방의 신, 또는 황해도 구월산 삼성사를 중심으로 하는 민간신앙의 대상이었다고 전해진다. 이후 대몽항쟁(對蒙抗爭)을 거치면서 단군은 공통된 조상이자 국가 시조로 인식되기에 이르렀다. 이 점은 일연(一然)의 《삼국유사(三國遺事)》와 이승휴(李承休)의 《제왕운기(帝王韻紀)》에서 공통적으로 확인된다.

    조선 왕조가 건국되자 유교라는 국가 이념의 대변자로 기자(箕子)가 대두됐던 것에 비해 단군은 혈연적인 시조로서 국호인 조선의 근간으로 인식됐을 만큼 보편성을 지니고 있었다. 정도전(鄭道

傳)의《조선경국전(朝鮮經國典)》에는《제왕운기》에서 체계화된 단군조선 → 기자조선 → 위만조선으로 이어지는 삼조선(三朝鮮)설을 국호 사용의 근거로 제시되기도 했다. 이후 권근(權近)의《동국사략(東國史略)》과 노사신(盧思愼)의《삼국사절요(三國史節要)》등에서도 단군과 관련된 기록은 삼조선설로 고착화되어 나타났다.

조선 전기에는 1425년(세종 7) 단군 사당을 별도로 건립하자는 논의를 포함해 국가적 차원에서 단군에 대한 존숭 개념이 광범위하게 퍼져 있음이 포착된다. 이는 혈연적으로 단군을 공동체의 시조로 받아들이는 민족의식이 형성되었음을 의미한다. 다만 이것이 근대의 민족의식과는 차이가 있으며, 당시 한반도에 거주하던 모든 사람이 동조할 수는 없었다는 점에 유념해야 한다.

조선 전기에 형성된 단군 인식은 조선 중기 사림의 등장과 함께 성리학에 대한 이해가 심화하면서 주춤하게 된다. 이때는 기자에 대한 관심이 높아지면서 기자로부터 출발하는 소중화(小中華) 의식이 문화적 우월성을 드러낼 수 있는 자긍심의 근거였기 때문이다. 이런 상황에서 17세기 중반 이후 다시 단군에 주목하는 경향이 등장했다. 이는 임진왜란과 병자호란이라는 시대 상황과 무관하지 않았다.

대표적으로 허목(許穆)은《동사(東事)》에서 단군의 시대를 제곡(帝嚳)과 당우(唐虞)의 시대와 같다고 하여 단군의 연대를 중국의 신화시대까지 끌어올렸다. 홍만종(洪萬鍾)도 단군 재평가 흐름에 가세했다. 홍만종은 《동국역대총목(東國歷代總目)》에서 단군이 가장 먼저 등장한 신군(神君)이며 단군이라는 정통이 기자로까지 이어진다고 했다.

이러한 정통론은 새롭게 주목받았는데, 이전까지는 단군에서 기자로 이어지는 정통론이 명확하게 강조되지 못했기 때문이다. 《동국통감(東國通鑑)》에서는 아예 〈외기(外紀)〉편을 따로 마련해 단군조선을 조선 이전의 역대 국가로 인정하지 않았으며, 《동국통감제강(東國通鑑提綱)》에서는 기자를 동방 역사의 시작으로 보는 등 한계가 있었다.

이에 비해 《동국역대총목》에서는 정통의 시작을 명확히 단군으로 삼아 한국사의 초기 국가를 규정하려 시도했다는 점에서 이후 역사 서술에 많은 영향을 끼쳤다. 18세기에 이르러 이익(李瀷)은 단군과 관련된 기록 가운데 신화적 내용이 많다고 비판했지만 단군조선의 문화적 수준은 상당히 높은 것으로 이해했다. 안정복(安鼎福)의 경우 《동사강목(東史綱目)》에서 단군이 비록 종족적으로는 오랑캐에 속하지만 그 문화는 중화문명과 버금가며 '신성한 통치(神聖之治)'가 가능했다고 파악하는 등 단군에 대한 긍정을 이어갔다.

단군을 이해하는 양상이 차츰 진전하는 과정을 보면 조선시대 유학자들의 인식에서 기자가 유교문화 전달자라는 역할에 머무르지 않고 단군조선의 문화를 더 풍부하게 하여 이를 계승하는 것에 의미를 두는 쪽으로 바뀌었음을 알 수 있다. '단기정통론(檀箕正統論)'이라 하여 단군과 기자를 일체로 인식해 역사의 흐름을 인정하는 분위기 속에서 단군은 혈연적 시조, 기자는 문화적 시조라는 구분은 발견되지 않는다. 그러므로 이 같은 논의는 단군과 기자를 동일한 선상에 두고 조선의 고유함을 찾으려는 맥락에서 파악해야 조선시대 단군과 관련된 역사 인식을 살피는 데 좀 더 수월할 것이다.

오늘날 한국에서는 고조선의 시대를
단군조선과 위만조선(衛滿朝鮮)으로 구분한다.

반면, 옛날 조선시대 사람들은 고조선(古朝鮮)을
전조선(前朝鮮)과 후조선(後朝鮮)으로 구분했는데

전조선은 단군(檀君)이 세운 나라를 의미하고
후조선은 위만(衛滿)이 아닌 기자(箕子)의 조선을 의미했다.

현대에는 기자의 조선을 기자조선(箕子朝鮮)이라고 부르는데

한국의 역사학계는 기자조선을 인정하지 않으며 교육 과정에도 기자에 관한 이야기는 나오지 않는다.

비록 지금은 잊혔지만 옛날 우리 조상들은 기자를 단군과 더불어 '조선의 시조'로 중시하며 제사를 지내왔으니···

기자는 도대체 어떤 사람이었을까?

18화
문명의 상징, 기자조선

조선이 개국한 지 얼마 지나지 않았을 때
조정에서는 제사를 지낼 만한 대상을 고르고 있었다.

누구를 시조로 모시는 게 좋겠소?

여기서 2명의 이름이 거론되었으니, 바로 단군과 기자였다.

단군은 동방에서 처음으로 천명(天命)을 받은 임금이고,

기자는 처음으로 교화(敎化)를 일으킨 임금입니다.

예조전서(禮曹典書)
조박(趙璞)

*교화(敎化) : 유교에서 제시하는 이상적인 인간상을 만들기 위해 가르치고 이끌어서 인격을 완성시키는 것

단군은 익히 단군신화를 통해 많은 사람이 잘 알고 있겠지만
기자는 대중적으로 알려진 인물이 아니다.

기자는 원래 고대 중국의 인물로
상나라 말 주나라 초기의 왕족이었다.

기자는 학문적으로 매우 뛰어났고 정치도 잘했기 때문에
많은 사람이 그에게 사사하기를 원하였다.

특히 은나라를 무너뜨리고 주나라를 건국한 주무왕(周武王)이
기자를 찾아와 세상을 다스리는 법에 대해 물어봤다는 이야기가 유명한데

이때 나온 이야기가 바로 홍범구주(洪範九疇)로서
훗날 기자를 칭송하는 근거가 되어 널리 전해졌다.

그런데 이러한 기자가 어째서 조선의 시조로 언급된 것일까?

바로 기자가 동쪽으로 건너가 조선의 지배자가 되었다는
기자동래설(箕子東來說)의 영향 때문이었다.

이 기자동래설은 기자가 죽은 지 수백 년이 지난
한(漢)나라 때 등장한 '전설'인데

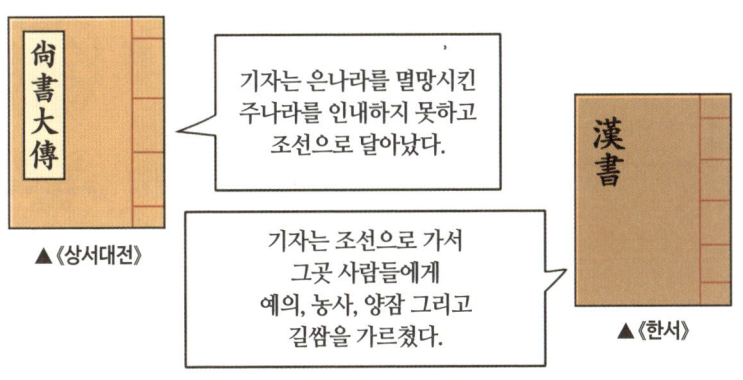

▲《상서대전》

▲《한서》

이것이 후대에 역사적 사실로 와전되어
단군과 함께 조선의 시조신으로 모셔지게 된 것이다.

그러나 현대 한국의 사학계에서는 당대의 기록이 없고
고고학적으로 증명되지 않은 점을 들어 후대에 만들어진 전설로 보고 있다.

또한 기자동래설이 중국의 동북공정(東北工程)과 연관되어 악용되다 보니
잘 언급되지 않는 측면도 있다.

* 동북공정: 중국 국경 내의 모든 역사를 중국사로 만들기 위한 역사 연구 프로젝트

그러나 현대의 연구 결과와는 별개로, 조선시대에 기자가
조선의 시조신으로 받아들여졌던 것은 역사적 사실인데

주의할 점은, 조선에서 단순한 사대주의(事大主義) 목적으로
기자를 모신 게 아니었다는 점이다.

조선의 유학자들은 기자를 통해 조선이 문명을 받아들인 '모범 국가'이자
중국에 버금가는 '소중화(小中華)'임을 보여주는 자주적인 의미로 해석했고

'기자가 조선으로 왔다'라는 서사보다는
기자가 조선으로 올 수밖에 없었던 이유와
그가 남긴 업적을 더 중시한 것이다.

즉 단군이 세운 이 땅에서 기자가 꽃피운 홍범을
존경하는 의미에서 시작된 기자에 대한 제사는
'유교 국가 조선'의 정체성을 잘 나타내는
가장 대표적인 의례라고 할 수 있을 것이다.

상상의 나라 기자랜드

인류 보편 문명의 전수자, 기자

고려 말 기자는 유교를 상징하는 존재라기보다는 민간신앙과 연결되어 인식되었고, 삼국시대부터 이어오던 시조신(始祖神)으로서의 기자가 받아들여진 측면이 강했다. 이에 비해 조선은 건국 초부터 단군과 함께 기자를 주목했다.

조선 중기에 사림 세력이 정권을 잡으면서 기자와 기자조선에 대한 인식은 더욱 강화되었다. 윤두수(尹斗壽)의 《기자지(箕子志)》와 이이(李珥)의 《기자실기(箕子實記)》에서도 이러한 경향을 확인할 수 있다. 이이는 《기자실기》에서 기자를 공자와 맹자, 나아가 성리학의 성현인 정호, 정이 형제 및 주희와 비견되는 동방의 성현으로 격을 높여 존숭했다. 기자의 업적 가운데서도 특히 윤두수의 《기자지》에 생략된 홍범(洪範)의 내용을 자세하게 소개할 정도였다.

　이러한 사례를 통해 볼 때 조선 중기는 기자가 조선에 중화문명을 전달해 이를 내재화하고 보편적인 왕도정치를 실현할 근거를 마련해준 임금으로 파악하는 단계까지 나아갔음을 알 수 있다.

　임진왜란과 병자호란 이후 기자와 기자조선에 대한 인식은 대체로 극단화하는 모습을 띤다. 역사서에서 기자의 존재를 부정하는 의견이 제시되기도 하고, 다른 한편에서는 기자 및 기자조선의 존재를 매우 강조하는 경향도 나타났다.

　기자를 존숭하는 경향은 전반적으로 성리학을 중심으로 한 중화주의의 발현과 함께 나타난 현상이었다. 그러나 이것은 중국이라는 국가적 실체에 대한 무조건적 추종을 의미하지 않았다. 오히려 당시 동아시아 세계에서 인류의 보편적 문명이던 유교문화의 담지자가 조선이라는 자의식에서 비롯했다. 기자의 절의를 강조한다든지, 기자를 '은왕지자(殷王之子)'로 높여 주나라 무왕(武王)과 대등했다고 강조한다든지, 기자의 교화를 높이 평가하는 것은, 모두 기자로 대표되는 유교문화가 전면화되는 분위기를 반영하는 사례이다.

동아시아에서는 한 국가가 멸망하면 이전 왕조의 후손들에게
세습 작위를 주고 선대왕들에게 제사를 지내게 해주는 전통이 있었다.

조선에서도 옛 왕조의 후손을 찾아
시조들에게 제사를 지내게 하였는데

이것을 역대 시조묘(歷代始祖廟)라고 불렀다.

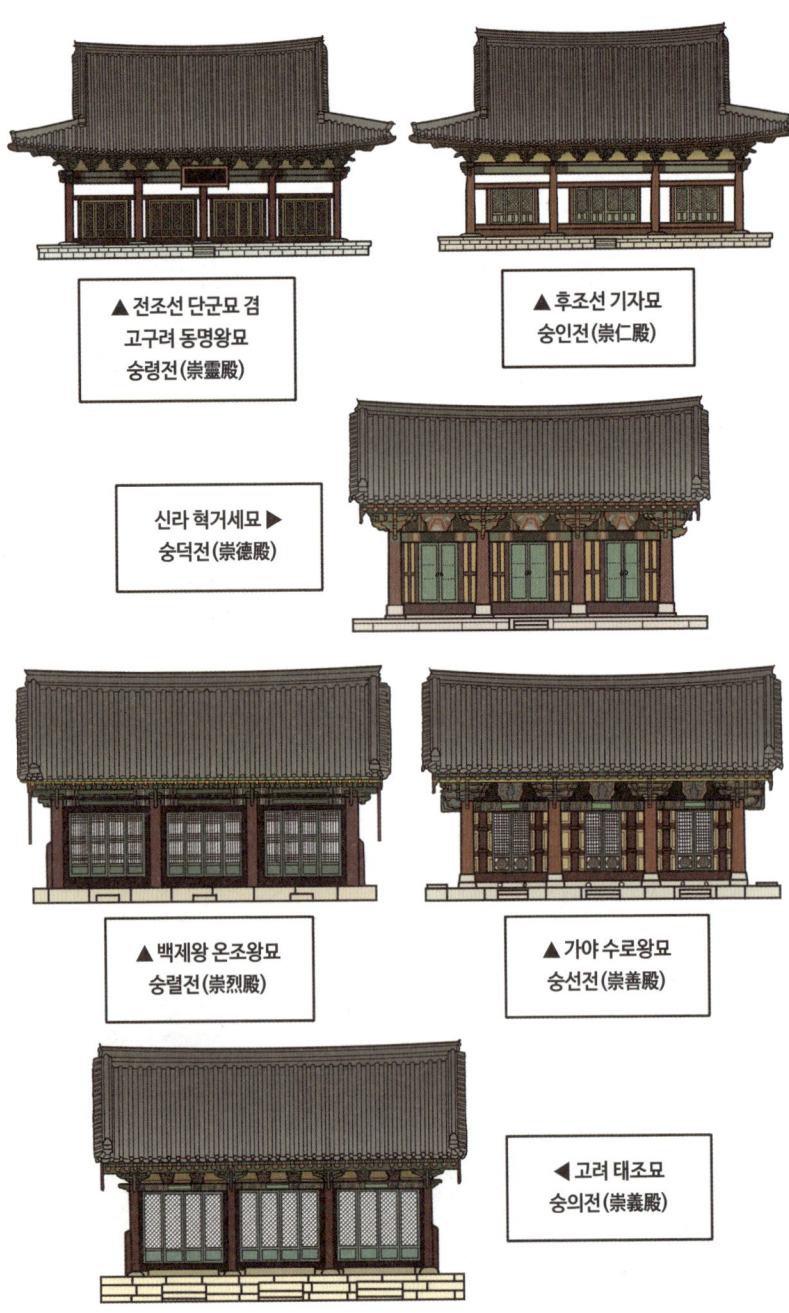

19화
역대 시조묘

때는 기원전 2세기 무렵,
고조선이 한나라의 침공으로 멸망했다.

◀ 고조선의 마지막 왕
우거왕(右渠王)

멸망한 고조선의 유민들은 다른 곳으로 떠나거나
한나라에 저항하며 독자적인 세력을 만들기 시작했는데

이 시기를 문헌사학에서는 삼한시대(三韓時代),
고고학에서는 원삼국시대(原三國時代)라고 부른다.

이때 등장한 초기 국가들은 최종적으로
고구려, 백제, 신라에 흡수되어 삼국시대를 이루었으며
이들 삼국은 저마다 고유의 건국 설화를 가지고 있었다.

먼저, 고구려와 백제의 건국 신화에는
동명성왕(東明聖王) 혹은 추모왕(鄒牟王)이라고
불리는 인물이 등장하는데

동명성왕의 이야기는
부여의 금와왕(金蛙王)이
우발수(優渤水)를 지나다가
한 여인을 만나는 데서 시작된다.

금와왕은 혼자 있는 여인에게 자초지종을 물어보았는데

저는 강의 신 하백(河伯)의 딸 유화(柳花)입니다.

그 사정을 들으니 참으로 딱하였다.

예전에 동생들과 같이 바깥에서 놀고 있다가

훤화 (萱花)

위화 (葦花)

하늘신의 아들이신 해모수 님을 만나서 사랑에 빠졌는데!

태양의 신 해모수(解慕漱)

자고 일어나니까 해모수 님은 안 보이고!

아버지가 허락도 없이 남자를 사귀었다고 유배를 보내셨어요!

진짜루?

강의 신 하백

금와왕은 이를 이상하게 여기면서도 유화를 거두어 살 집을 마련해주었다.

그렇게 부여에서 살게 된 유화는
어느 날 태양빛이 자신의 뱃속으로 들어오는 신비한 현상을 겪었고

얼마 뒤에는 커다란 알까지 낳았으니 그 알에서 '추모'가 태어난다.

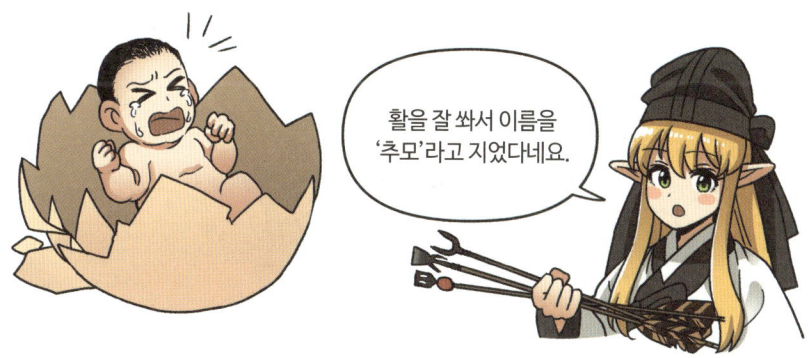

그 후 추모는 정치적 혼란을 피해 자신을 따르는 무리들과
부여를 벗어나 홀본(忽本) 땅에 이르러 고구려를 세웠으니
성을 고(高)씨라 하고, 고구려의 시조가 되었다.

동명왕은 고구려를 건국하면서
졸본 사람인 소서노(김西奴)와 결혼했는데

동명왕이 부여에 있을 때 결혼했던 예씨 부인의 아들 유류(儒留)가
고구려를 찾아오자 왕권 다툼이 발생하게 되었다.

위기감을 느낀 소서노는 자신의 아들인 온조(溫祚)와 백제를 건국하였으니,
온조는 성을 부여(扶餘)씨라 하고 백제의 시조가 되었다.

한편 신라의 건국 설화는 고조선의 유민들이 세운
'여섯 마을' 이야기로부터 시작된다.

고허촌의 우두머리인 소벌도리가
나정(蘿井)이라는 우물 옆의 숲속에서
말이 울부짖는 소리를 듣고 살펴보러 갔다가
표주박처럼 생긴 큰 알을 발견했다.

알을 깨뜨려보니 한 아이가 나왔는데
박처럼 생긴 알에서 태어났다고 하여
박(朴)씨 성을 주고 이름을 혁거세(赫居世)라 하였다.

박혁거세는 겨우 10살 만에 장성하여
남들보다 빠르고 거대하게 성인의 모습을 갖추었고

여섯 마을의 사람들은 그를 신비롭게 여겨
거서간(居西干)에 추대하였으니,
이로써 박혁거세는 신라(사로국)의 시조가 된다.

가야의 시조인 수로왕(首露王) 설화도 신라의 건국 설화와 비슷한데,
가야는 마을이 아니라 9명의 간(干)이 등장한다.

9명의 간은 어느 날 하늘에서 사람의 목소리가 들려오자
소리가 나는 곳을 향해 물어보았다.

이윽고 이상한 소리는 이들에게 구지봉의 땅을 파면서 노래를 부르라고 명령했는데

그 말대로 해보니 하늘에서 자줏빛 줄이 드리워져 어느 땅에 닿았고,
아홉 간이 그곳으로 가보니 금으로 된 상자 속에 황금알 6개가 있었다.

각 알에서 사람이 태어났는데, 가장 먼저 태어난 아이에게
세상에 처음 나타났다고 하여 수로(首露)라는 이름을 주었다고 한다.

수로를 포함한 6명의 아이들은 모두 여섯 가야의 왕이 되었고,
수로는 훗날 가야의 시조로 모셔지게 되었다.

이렇듯 삼국시대에는 나라별로 고유의 건국 설화와
시조에 대한 이야기를 가지고 있었는데,

이것이 삼국의 정체성을 의미하다 보니, 신라의 통일 이후에도
수많은 부흥운동 발생과 후삼국의 분열 원인으로 작용하게 되었다.

이러한 문제는 고려의 삼국통일 이후, 이들보다 더 오래전 인물인
단군왕검을 시조로 보는 역사관이 정립되면서 어느 정도 해결되었고

조선시대에는 역대 시조묘에서 제사를 지내면서
각 왕조를 존승하고 시조들의 덕을 공경하며
나라의 안녕을 기하고자 했다.

건국 시조를 기억하는 공간, 역대 시조묘

한국 역사의 유구함을 수식하고 민족의식을 설명하는 방식에서 역대 시조에 관해 많은 논란이 있지만, 조선 왕조에서 어떻게 제사 대상을 선정하고 운영했는지는 여전히 호기심을 불러일으키는 대목이다. 역대 시조는 고려시대까지 사전(祀典)에 수록되지 못하였고, 이를 새롭게 조명한 것은 조선 왕조부터였다.

태종 재위기 역대 시조의 중요성을 강조하고 사전에 중사(中祀)로 등재해 제사를 시행한 것이 시초였다. 그러나 제사 대상으로 모신 역대 시조는 시대에 따라 강조하는 대상이 달랐다. 조선 전기에는 단군과 기자, 고구려 시조, 고려 시조에 대한 제사가 중시되었고, 백제와 신라의 시조에 대해서는 그다지 관심을 두지 않았다. 이후 조선 후기에 병자호란이 발발하면서 백제 시조에 대한 관심이 생겼고, 신라 시조와 관련된 제도가 정비되어 이들을 모시는 사당이 '전(殿)'으로 승격됐다.

16세기에 이르기까지 역대 시조묘는 고려의 임금을 모신 숭의전(崇義殿)에만 '전'의 칭호를 붙였고, 나머지에는 '사(祠)'를 붙여 기자사, 단군사 등으로 불렀다. 17세기에 들어 이 방식은 타파되고, 각각의 시조묘를 모두 전으로 불렀는데, 각기 시점에 차이가 있었다. 1612년(광해군 4) 이정귀(李廷龜)가 오랑캐를 중화로 바꿔 예의와 문명을 퍼뜨린 공을 들어 평양의 기자사를 '숭인전(崇仁殿)'으로 고치고 선우씨(鮮于氏)를 후예로 정해 제사를 주관케 하며 비석을 새길 것을 청했다. 광해군은 이를 기꺼이 따르고 승지(承旨)를 보내 제사를 시행하게 했다. 당시 선우식(鮮于寔)이 6품의 관직을 갖고 제사를 주관했는데 대대로 자손이 그 직을 이었다.

한편 신라의 시조인 박혁거세의 사당을 '숭덕전(崇德殿)'으로 처음 부른 것은 1723년(경종 3)이었다. 경상감사(慶尙監司) 조태억(趙泰億)의 상소를 받아들여 숭인전과 숭의전의 예에 따라 전호(殿號)를 숭덕으로 칭하고 관원을 보내 고제(告祭)를 지냈으며, 참봉(參奉) 2인을 차출하여 제사 때의 일을 맡도록 했다. 이어 정조 재위기에는 숭덕전 동쪽에 동천묘(東泉廟)가 있다며 여기에 경순왕전(敬順王殿)이라는 편액을 하사하였다.

가락국 시조 수로왕에게 전호가 붙은 것은 고종 재위기에 이르러서였다. 영조 말 청도(淸道)의 유생 김은(金垠) 등은 상소를 올려 수로왕의 후손인 자신들이 지금 사당을 만들고 제전(祭田)을 마련하여 제사를 드리고 있는데, 이를 숭인전·숭덕전과 같은 규모의 국가 제례로 모셔줄 것을 청했다. 영조는 신라에 딸린 작은 나라를 같은 규모로 논할 수 없다며, 다만 부사(府使)로 하여금 제문에 국왕을 칭하여 제사하라고 명했다. 고종 때에 이르러 허전(許傳)의 건의로 시작된 논의는 숭덕전의 예에 따르게 했지만 막상 전호가 하사된 것은 1880년으로, 이름은 '숭선전(崇善殿)'이었다. 이후 신라 김씨의 시조인 미추왕에게 전호를 내려 '숭혜전(崇惠殿)'이라 정했고, 신라 석탈해왕에게도 '숭신전(崇信殿)'이란 전호를 내려 제사를 지냈다.

《삼국지》는 동아시아를 대표하는 고전 소설로
예부터 지금까지 두꺼운 팬층을 거느리고 있는 인기 작품이다.

그러다 보니 유구한 팬덤 싸움의 역사도 가지고 있는데

개인 취향에 따라 다르겠지만, 전통적으로 가장 인기가 많았던 사람은
유비·관우·장비 3형제 중에서 둘째인 관우였다.

이를 증명하듯 중원의 여러 왕조가 관우를 충의의 화신이자
전쟁의 신인 무신으로 추앙했는데

조선 왕실에서도 임진왜란 이후에 관우를 모시는 사당인
관왕묘를 설치하여 제사를 지냈다.

▲
서울 종로구에 있는 동관왕묘(東關王廟)

20화
관우와 전쟁의 신

원래 고대의 중원 왕조에서는 관우가 아닌 태공망 강상(姜尙)이나 헌원(軒轅), 치우(蚩尤) 등을 전쟁의 신으로 모셨다.

| 주나라의 개국공신 태공망 강상 | 황제 헌원 | 치우 |

특히나 무(武)의 상징이었던 강상을 무성왕(武成王)이라고 부르며 제사를 지냈는데

여기는 낚시 금지인데…

그만큼 낚시가 좋으신 거지.

송나라 때부터 무성왕묘에 관우를 모시기 시작하면서 민간의 관우 신앙이 국가 제사에 편입되었다.

안녕하십니까! 선배님!

뉘슈…?

한국의 경우, 조선 전기에 공자를 모신 문묘(文廟)와 더불어
무묘(武廟)의 성격을 지닌 제향 공간 조성에 대한 논의가 있었으나

문신들의 반대로 설치되지 못했다.

그 대신, 군대와 관련된 제사로
마제(禡祭)와 둑제(纛祭)를 지냈는데

마제는 국왕이 사냥을 나가거나 군사 훈련을 하기 전에
전쟁의 신이자 무기의 신인 치우에게 지냈던 제사를 뜻하고

둑제는 군대가 출병하기 전에
전쟁의 승리와 병사들의 무사귀환을 기원하며
둑신(纛神)인 둑기(纛旗)에게
지냈던 제사를 의미한다.

이와 같이 조선에서는 마제와 둑제를 통해 군대와 관련된 제사를 해결했으니, 추가적으로 무묘를 설치할 필요성을 느끼지 않았던 것으로 보인다.

그러던 중 임진왜란 때 명나라의 원군이 참전하면서 무묘의 성격을 띠는 관왕묘(관우 사당)가 최초로 설치됐는데

▲ 명나라 만력제(萬曆帝)

조선 조정에서는 관우에게 지내는 제사의 전례가 없었기 때문에 관왕묘 설치에 소극적으로 대처하였다.

이후 관왕묘에 대한 부정적인 시각은 숙종 때부터 점차 바뀌기 시작하는데

숙종은 관우가 충의의 화신인 점을 상기시키며
신하들에게 충(忠)을 강조하는 형태로 관왕묘 제사를 행하게 하였다.

후대의 국왕들은 숙종의 뜻을 계승하여
관왕묘에 대한 제사를 보다 확장하였고

정조 대에 이르러서는 관왕묘 제사가
국가의 공식 제례 중 중사(中祀)로 편입되었다.

▲《춘관통고》
조선시대 유의양(柳義養)이 편찬한
오례(五禮) 정리본

그러다 고종 때에는 관왕묘가 관제묘로 격상되었고
기존의 동묘 외에 다른 관왕묘들이 새로 건립되었다.

이후 1908년 관왕묘 제사가 철폐됨에 따라
관우에 대한 제사는 우리 기억 속에서 점차 사라졌으나

민간신앙에서만큼은 그 명맥을 이어나가고 있다.

관왕묘 제례와
'충'의 강조

　선조 이전까지 조선에서는 《삼국지연의》에 대한 인식이 미흡했음은 물론 관우에 대한 국가 의례나 종교적 신앙이 존재하지 않았다. 선조 이래 후대 국왕들은 관왕묘에 무관심했으며, 형식적으로만 관리했다. 이런 인식이 변화하고 의례가 정비된 것은 숙종 때였다. 숙종은 1691년(숙종 17) 몸소 관왕묘로 출궁하여 건물을 보수하고 제사를 올릴 것을 명했다. 특히 무관들을 상대로 관우의 충성과 절의를 찬탄하는 말을 했는데, 여기에는 무관을 비롯한 신료들에게 충의를 강조하여 왕권을 강화하려는 정치적 동기가 숨어 있었다.
　1710년(숙종 36) 서종태(徐宗泰)와 이이명(李頤命)은 관왕묘에 읍례(揖禮) 이상의 예법을 취하고 싶다는 숙종에게 여러 전례를 들어

반대를 표했다. 그러나 숙종은 긴 논의를 거친 끝에 반대를 무릅쓰고 초기에 행하던 읍례를 배례(拜禮)로 바꿨다. 이 과정에서 관왕묘는 외부에서 이식된 이질적인 외래 종교 시설을 넘어서 국왕이 신하에게 절의와 충성을 강조하고 권장하는 정치적 성격을 지닌 장소로 탈바꿈했다.

영조와 정조는 숙종의 행보에 이어 관왕묘 의례를 더욱 발전시켰다. 영조는 관왕묘와 명나라 장수들을 배향한 선무사(宣武祠)에 관원을 보내어 제사를 지내게 하고 자신이 존주대의(尊周大義)를 존숭한다는 뜻을 밝히도록 명했다. 즉 이제 관왕묘가 단순히 관우를 모시는 것만이 아니라 청(淸)나라 이전의 중화를 기억하는 매개 역할까지 담당케 하려는 것이 영조의 구상이었고, 이는 소중화를 표방하는 조선에서 관왕묘에 명나라와 관련한 이념적 가치를 전이하려는 움직임이었다.

관왕묘 제례는 1774년(영조 20)에 정비된《국조오례의서례(國朝五禮儀序例)》에 소사(小祀)로 편입되어 정식으로 국가 사전(祀典)에 수록됐다. 이외에도 영조는 몸소 갑주를 갖춰 입고 관왕묘에서 군례(軍禮)를 행했다가 이를 비판하는 간언을 들었다. 이를 보면 공식적인 국가 의례와는 별개로 모범적인 무인과 신하의 상을 은연중에 강조하고 권장하는 숙종 때의 논리가 여전히 단절되지 않은 듯 보인다.

서울 동관왕묘 관우상 ⓒ 문화재청 국가문화유산포털

한편 정조는 즉위 이전부터 여러 차례 영조를 수행하여 관왕묘를 방문했다. 정조 재위기 관왕묘 제례는 주로 능원(陵園) 등에 대한 국왕의 행행(行幸) 과정에서 이루어진 점이 특징이다. 즉 정조는 자신의 관왕묘 방문을 명나라와 관련시키기보다는 앞서 숙종과 영조가 행한 관왕묘 의례를 후대 왕인 자신이 몸소 실천한다는 점에 무게를 두었다.

1785년(정조 9) 정조는 동관왕묘와 남관왕묘에 숙종, 영조의 어제(御製)와 아버지 사도세자의 예제(睿製)를 자신이 직접 지은 비문과 함께 새겨 세우도록 명했다. 여기에는 관왕묘에 대한 존숭이 조선 왕실 차원에서 계속되고 있음을 표방함과 동시에, 숙종에서 자신으로 이어지는 계보에 사도세자를 포함함으로써 그의 복권과 추존을 희망하는 의중까지 담겨 있었다.

 이와 연계하여 정조는 직접 악장을 지어 관왕묘 제례에 사용하도록 했는데, 이는 본래 소사에 속했던 관왕묘 의례가 중사(中祀)로 승격되는 순간이었다. 앞서 건립한 선왕들의 어제와 함께 정조 자신이 쓴 비문은 관왕묘 제례악의 가사로 활용되었다. 국가 제례 가운데 대사(大祀)의 경우 제례에 해당하는 의식과 절차, 제례 음악, 악장을 고루 갖추어 진행하지만, 중사 일부와 대부분의 소사 그리고 사전에 오르지 못한 제례는 기존의 음악과 악장을 공유하거나 악장 없이 진행했다. 관왕묘 또한 영조 재위기에 소사에 편입된 제례이기에 악장 없이 이어오다가 정조 재위기에 이르러 처음으로 악장을 사용한 것이다. 국가 제례에 쓰는 악장은 국왕의 지시를 받은 담당 관료가 제작하는 것이 일반적인데, 이 경우 국왕이 친히 지은 점으로 보아 정조가 관왕묘 제례에 특별한 의미를 두었다고 볼 수 있다.

옛사람들은 밤하늘에 떠 있는 별을 보면서
자연의 섭리를 탐구하고 미래를 예측했다.

문명이 발달함에 따라 각 문화권에서
임의의 별들을 묶어 별자리를 만들었는데

동북아시아의 경우 3원 28수의 별자리 체계를 가지고 있었다.

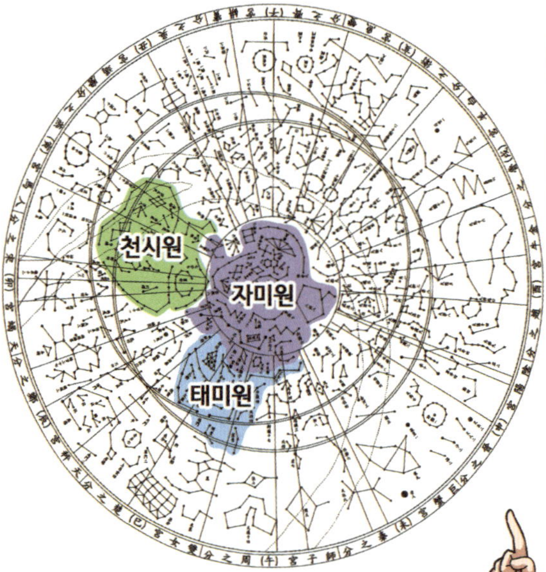

3원(三垣)은 자미원(紫微垣), 태미원(太微垣), 천시원(天市垣)을 가리키고 28수는 4개의 구역으로 나누어진 7개의 별자리를 뜻합니다.

▲ 조선시대 천상열차분야지도
(天象列次分野之圖)

이러한 별자리는 종교적 측면에서도 매우 중요했기에 동북아시아의 국가들은 고대부터 이러한 별들에게 제사를 지내왔다.

별님 달님, 로또 좀 당첨시켜주세요…

……

조선 왕실은 수많은 별 중에서
영성(靈星)과 노인성(老人星)에 제사를 지냈다.

이 중 영성은 농사일을 주관한다고 여겼으며

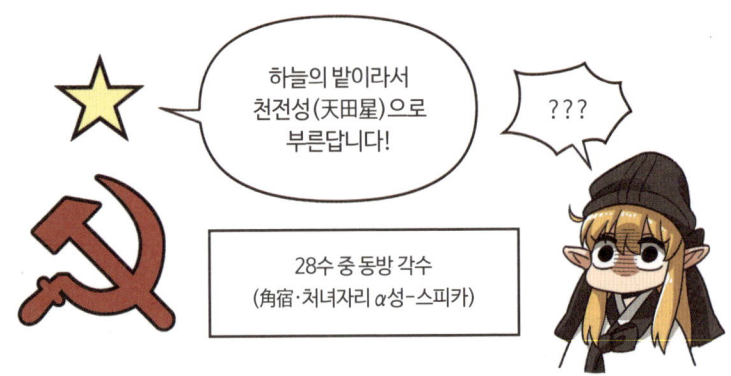

노인성은 인간의 수명을 관장한다고 여겼다.

이러한 제사는 조선이 중국의 예법을 도입하고
이전 왕조의 사례를 참고하면서 정비한 것으로

한국의 경우, 별의 신인 성신에게 지내는 제사가
삼국시대부터 행해졌음이 기록을 통해 확인되었으며

고려시대에는 도교의 영향을 받아 수많은 별에
제사를 지냈다.

이렇듯 조선 왕실은 옛 문헌들을 참고하여
별을 향해 지내는 제사를 유교적으로 제도화하기 시작했으나

점차 별에 대한 성수신앙이 약해지면서 제사가 뜸해졌고

중종 때의 소격서 폐지와 임진왜란 및 병자호란으로 인해
영성과 노인성의 제사는 폐지되고 만다.

정조 대에 이르러서는 영성제와 노인성제의 복원이 시도되었는데

그 결과 두 제사의 절차와 준비 과정 등을 담은
《성단향의(星壇享儀)》가 완성되었으나
일이 흐지부지되어 끝내 시행되지는 못하였다.

제사 때 쓰려고 음악이랑 춤도 다 만들었는데…!

다만, 《성단향의》가 현전하고 있기에
당시 제정된 영성제와 노인성제의 모습을 가늠해볼 수 있었고
2015년 국립국악원에서 이를 복원해냈다.

참고로 영성과 노인성에 제사를 지내던 제단은
숭례문 밖 둔지산(屯地山) 일대에 있었던 것으로 기록되어 있는데

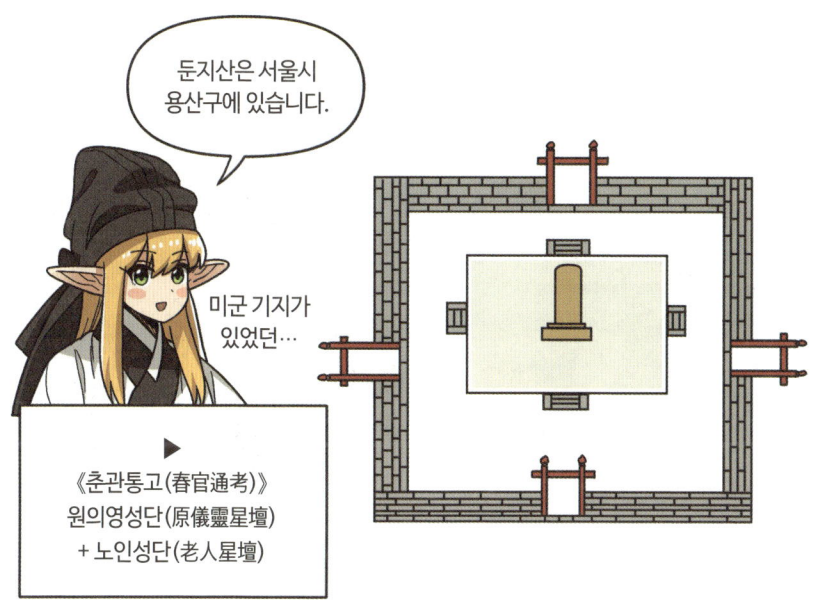

노인성의 경우 제단이 위치한 한양에서는
관측할 수 없는 별이었다.

그나마 한반도에서는 남해안 일대와 제주도에서만 관측이 가능했는데

그래서인지 노인성이 나타나면 세상이 태평해지고,
왕과 백성이 장수한다는 이야기가 있었다고 한다.

또한 노인성은 의인화가 된 모습인 수성노인으로도 유명한데

한국, 중국, 일본의 불교 회화나 도교 회화를 보면
수성노인의 모습을 종종 볼 수 있고

◀〈수성노인도〉
(壽星老人圖)

조선에서는 그의 모습을 그린 그림이
세화(歲畵)로 쓰이기도 했다.

* 세화: 신년을 송축하기 위해 왕과 신하들이 서로 주고받던 그림

지금까지 살펴본 영성과 노인성에 대한 제사는
타 종교의 의례를 유교식으로 교체하려 했던
조선 유림들의 노력이 엿보이는 또 하나의 사례이자

유교화라는 큰 틀에서 공존과 갈등을 반복하며 살아남은
도교의 흔적을 엿볼 수 있는 좋은 예시라고 하겠다.

별에 대한 제사,
영성제와 노인성제

영성제와 노인성제는 각각 농업신으로 받들어지는 별과 인간의 수명을 관장하는 별에 대한 제사로서 소사(小祀)에 속한 국가 제례였다. 이 두 제사는 모두 삼국시대부터 고려를 거쳐 조선시대까지 행해졌으나 중종 재위기 조광조를 위시한 사림 세력 집권으로 소격서(昭格署)가 폐지되면서 제사가 중단됐다.

노인성제는 조선 전기부터 행해졌음이 확인되지만 영성제와 달리 《세종실록(世宗實錄)》〈오례(五禮)〉에는 수록되지 않았으며 구체적인 의식 절차도 도교적 성격을 띠는 부분이 포함되어 일반적인 국가 제례와 구분되는 특성이 있었다. 노인성제는 매년 봄과 가을 두 차례 지냈고, 희생(犧牲)으로 소 한 마리를 올렸다. 그러나 희생으로 쓰는 소는 죽이지 않고, 제사를 지낸 후 소격전(昭格殿)에서 기르도록 했다. 소를 진설만 했다가 그대로 살려둔다는 점이 매우 특이한데, 희생을 죽여 피를 내고 연기를 피어오르게 하는 유교적 제사와 다르기 때문이다. 이를 보면 노인성제가 고려 때의 전통을 답습했으며 도교적 성격을 간직한 것으로 해석된다.

영성제와 노인성제 외에 일월성신(日月星辰)을 제사하는 도교식 초제(醮祭) 역시 별에 대한 제사의 일종으로 볼 수 있다. 초제의 성격은 영성제나 노인성제와는 다른 측면이 있고, 기상이변 대처 및 치병(治病) 기원 등 제사를 지내는 목적도 다양했다. 또 초제를 주관하는 기관이 도교와 관련된 소격전(이후에 소격서로 이름을 고침)이라는 점 때문에 소격전 혁파 논리와 맞물려 늘 논쟁의 대상이 됐다. 소격서가 도교를 위해 설치된 것은 누구나 인정했지만 역대 임금들이 보전해온 제도였으므로 갑자기 폐지할 수 없다는 견해가 일반적이었다. 또 실제로 여러 효험을 보았기에 마냥 부정한 제사로 내몰리지는 않았다.

소격서 존폐 논란은 '유교적 예교(禮敎)'와 '이단'의 대립으로 해석되는데, 영성제와 노인성제가 왜 이 시기에 함께 폐지됐는지는 명확하지 않다. 다만 학계에서는 소격서 폐지와 논지를 같이하는 것으로 파악하고 있다.

그렇게 시간이 흘러 1797년(정조 21)에 이르러 영성제와 노인성제가 부활할 조짐을 보였다. 이에 대해 상세한 내용을 담은 책인《성단향의(星壇享儀)》가 정조에 의해 편찬됐기 때문이다. 전대의 제도를 참조하여 고증한《성단향의》서문에서 정조는 영성과 노인성을 모시는 이유에 대해 이렇게 밝히고 있다.

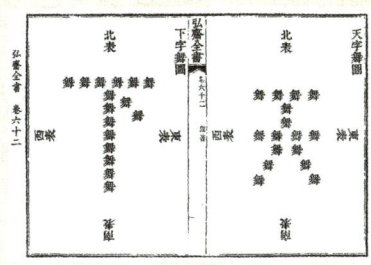

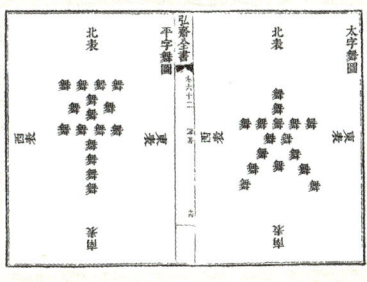

《성단향의》에 수록된 천무도와 하무도 도설(상)과 태무도와 평무도 도설(하)
ⓒ 서울대학교 규장각한국학연구원

주공(周公)이 천하의 중심지에 성주(成周)를 건설하고 남교(南郊)에서 상제에게 제사를 올리며, 후직과 일월, 농성(農星), 선왕들까지 모두 배향했으니, 이는 남교에서 상제에게 제사를 올릴 때 농성도 종사(從祀)한다는 사실을 알리고자 한 것이다. 우리나라의 제도에는 태사(太社)에서 기년제(祈年祭)를 올릴 때만 농성에도 제사를 올렸으니, 그 제단이 사직단 곁에 있음이 마땅할 듯하다. 그러나 일월과 성신은 하늘에 딸린 것이고 백곡(百穀)과 초목은 땅에 딸린 것이니, 하늘에 근본을 둔 것은 위와 친하고 땅에 근본을 둔 것은 아래와 친한 법이다. 그러므로《예기(禮記)》〈교특생(郊特牲)〉에 "땅에서 재물을 취하고 하늘에서 법을 취하니, 하늘을 높이고 땅을 친애한다"라고 했다. ……
또 수성에 제사를 하는 것은 복을 빌자는 것이므로 남교에서 올리는 것이 옳다.

정조는 주나라의 제도에서 농성인 영성이 종사됐다는 사실을 강조하며, 조선에서 사직에 기년제를 올릴 때 영성에만 제사를 올린 것은 잘못이라 했다. 영성과 수성은 모두 하늘을 높여 제사하는 제천(祭天)의 의미를 지니기 때문이다. 따라서 남교에서 영성과 노인성을 모실 것을 고증하였고, 이어서 노래(樂歌)와 춤(樂舞)을 새로이 제정해《성단향의》의 내용을 갖추었다.

자동차가 없던 시절, 인류는 가축을 길들여서 교통수단으로 활용했다.

| 순록 | 낙타 | 코끼리 |

그중에서도 가장 널리 활용된 동물은 말(馬)이었는데
웬만큼 척박한 지역이 아니고서야 말만 한 동물이 없었기 때문이다.

물자 수송

현재 위치: 옥천 목장
상태: 배송 중(출고)

전쟁 병기

전쟁에서 유용하게 쓸 수 있지!

희생 제물

마한에는 말을 순장하는 풍습이 있었죠.

이러한 이유로 고대 동북아시아에서는 말을 중요시하고
말의 신들에게 제사를 지냈는데

줄여서 '마신'이라고 부르지요.

뭔가… 강해 보여요!

조선 왕실에서도 말과 관련된 제사 체계를 마련하여
여러 신에게 제사를 지냈다.

말의 조상신 마조(馬祖)

양마의 신
선목(先牧)

승마의 신
마사(馬社)

마역의 신
마보(馬步)

22화
말(馬)의 신

한반도에 말이 살기 시작한 시점은 정확하게 알 수 없으나 구석기시대의 검은모루 동굴 유적에서 말의 뼈가 나온 것으로 볼 때 적어도 70만 년 이전으로 보인다.

◀ 평안남도 상원읍 검은모루 동굴 유적

요즘에야 과학의 발달로 현재의 말이 에오히푸스(Eohippus)에서 점차 진화했다는 것이 밝혀졌지만, 옛날에는 그렇지 않았으니…

에오… 뭐시기?

고대 중국 사람들은 밤하늘의 별자리인 천사방성(天駟房星)을 말의 조상과 연관 지어 생각했고

신들이 사는 하늘 세상에서 창조된 게 아닐까?

상상(上相)
차상(次相)
차장(次將)
상장(上將)

히힝

◀ 28수 중 동방 방수 (房宿·전갈자리)

이러한 생각 속에서 탄생한 것이 말의 조상신 마조였으니,
마조는 말의 수호신으로 여겨지는 4명의 신령을 말한다.

◀ 말의 조상신 마조

마조를 상징하는 방성은 4개의 별로 이루어져 있기 때문에
'하늘의 수레를 끄는 네 필의 말'이라는 뜻으로 '천사'라고도 불렸다.

| 상상(上相) β(베타성) | 차상(次相) δ(델타성) | 차장(次將) π(파이성) | 상장(上將) ρ(로성) |

이러한 마조 제사는 고려시대에 유입되어 본격적으로 거행되었으며
조선 왕실에서도 고려의 제사를 계승하여 마조제를 지냈다.

다음으로 양마의 신 선목은 처음으로 말을 길렀다고 전해지는 신이다.

한국의 경우 언제부터 말을 사육했는지는 알 수 없으나, 적어도 고조선 때부터 대량 사육한 것으로 보이는데

조선시대에도 말을 기르는 것은 중요했던지라 말을 기를 수 있도록 도와주고, 말의 번식에 도움을 주는 선목에게 제사를 지냈던 것이다.

이외에 말에 최초로 올라탄 사람인 마사에게 지내는 제사도 있었는데

◀ 승마의 신
마사

마사는 승마의 신이자 마구간을 수호하는 토신(土神)이며,
전투마를 양성하고 기병을 양성하는 데 도움을 주는 신이다.

마지막으로 마보라는 신은 말에게 해를 끼치는 신으로
말이 걸리는 전염병인 마역(馬疫)을 비롯한 각종 재앙을 물리치고
말의 건강을 기원하려는 목적에서 모셔진 신이다.

▲ 마보
마역의 신

▲ 포신
메뚜기떼와
해충의 신

말과 관련된 제사들은 대상에 따라
마조단, 선목단, 마사단, 마보단에서 치러졌는데

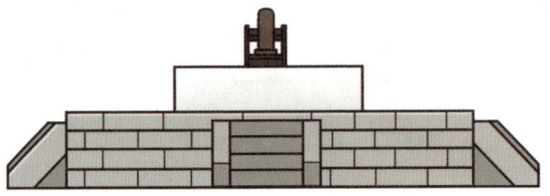

특이하게도 마신 제단의 경우 다른 신들의 제단과는 다르게
목장 안쪽에 설치되었다.

《단종실록》에 따르면
살곶이(箭串) 목장 안에
제단이 있었다고 한다.

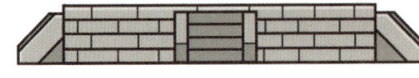

실제로 말을 기르는 곳에서 제사를 지냄으로써
그 효과를 보려 한 것이 아닐까 추정되고 있다.

으…
말똥 냄새…

우욱…

지금까지 살펴본 조선의 마신들은
고대 중국 신화에서 유래한 신들인데

이들은 정작 명나라의 전장(典章)에 수용되지 않았다.

* 전장: 국가의 제도와 문물

즉, 조선 왕실의 마신 제사는 명나라와는 다르게
고려의 제도를 계승해서 자체적으로 거행했다는 것을 알 수 있다.

그래서인지 초기의 마신 제사는
고려시대처럼 무당과 도사가 주관했고,
이 때문에 음사(淫祀)로 여겨져 비판을 받았다.

이러한 마신 제사는 조선 초기에 제정된 이후,
후대로 갈수록 점점 봉행 횟수가 줄어들게 되는데

아무래도 말의 수요가 점점 감소하면서 목장이 줄어드는 바람에
제사 의식도 같이 축소된 것으로 보인다.

그러다가 다른 '소사'들과 마찬가지로 양난 이후에 제사가 폐지되었는데

영·정조 시절에 국가 전례를 정비하면서 잠시 복원되었다가
대한제국 시기인 1908년에 다시 폐지되면서 완전히 사라지게 된다.

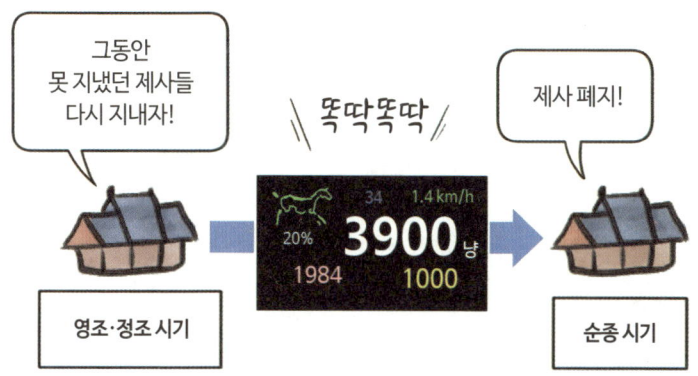

또한 마신을 모시던 제단도 함께 사라졌으며
당시의 터만 지금의 한양대학교 자리에 남아 있다.

현재 한양대학교 백남학술정보관 앞 화단에 제단이 있었음을 알리는 기념 표석이 세워져 있죠.

비록 현재 대한민국에서 마신에 대한 국가 제사는 사라졌지만,
민간에서는 여전히 드물게 살아남아 이어지고 있는데

신들의 땅 제주도에 흔저옵서예!

대표적으로 말 목장이 많기로 유명한 제주도에는
마조에게 지내는 마조제가 오늘날까지 남아 있다고 한다.

제주도도 살기 좋네!

마제와 둑제의 여러 모습

　마조·선목·마사·마보는 말을 비롯한 가축과 관련된 제사였다. 선목이 처음으로 사람에게 방목(牧放)을 가르친 신이라면, 마조는 말의 조상인 천사방성(天駟房星)을 뜻하고, 마사는 마구간 안에 있는 토지신으로 말을 타는 방법을 창시한 사람과 후토(后土)를 합한 것이다. 그리고 마보는 말을 해치는 재앙의 신을 가리킨다. 이 중 마조가 천신이라면 선목 이하는 지기(地祇)에 해당한다.

　이들은 고려 때부터 이미 소사(小祀)에 포함되어 모셔졌다. 다만 이들에 대한 제사 역시 여러 유교적 예제로 편입된 기존 제사와 비슷하게 토속적인 면모가 강했던 것으로 추측된다. 태종 때 마신(馬神)에 대한 제사를 사복시(司僕寺)에서 무당에게 맡겼기 때문이다.

이러한 부정한 제사가 행해지자 조정에서는 마신을 제사 지낼 때 사복시 관원이 향(香)을 받아 국가 제례 차원에서 제사를 모시도록 명하였고, 제단 역시 실제 신과 밀접한 관련이 있는 살곶이 목장에 설치하게 했다.

마조 이하가 군마(軍馬)의 중요성을 강조한 제사라면 둑제(纛祭)는 실제로 군대가 출정할 때 올리는 제사로, 참여 인원은 모두 무관으로 구성됐다. 조선 초기 둑제와 관련된 기사는 태조 때인 1393년에 이미 나오고 있다. 이때 홍색과 흑색 2기의 둑이 완성됐다는 보고가 올라오자 태조는 영안군(永安君, 훗날의 정종)으로 하여금 둑신에게 제사를 지내도록 했다. 당시 제관들은 모두 무복(武服) 차림을 했다. 이듬해 1394년(태조 3) 정월에는 정도전(鄭道傳)을 보내 둑제를 지냈는데, 정도전과 여러 장사(將士)들은 철갑(鐵甲) 차림이었다고 한다. 이때 일부 무관이 제례에 참석하지 않자 그들의 부관들에게 태형(笞刑)을 가하여 경고하는 등 기강을 바로잡고자 했다.

마제(禡祭)는 전쟁의 신인 치우(蚩尤)에게 지낸 제사였는데, 이 역시 고려시대 이래로 이어져왔다. 조선시대 마제에 관한 기록은 1422년(세종 4)에 처음 등장하는데, 상왕(上

한양대학교 백남학술정보관 앞에 소재한 마조단 터 표지석

王)으로 있던 태종이 마제는 황제(黃帝)에게 드리는 제사이므로 사복직장(司僕直長)이 헌관(獻官)이 될 수 없다고 하여 예조로 하여금 다시 정하도록 명한 것이 보인다. 아직까지 마제가 국가 제례인 소사의 대상으로 포함되지 않은 시기였기에 제관의 품계가 낮았던 것으로 파악된다. 또 조선시대의 마제는 출정 시뿐만 아니라 국왕이 무예를 가다듬는 강무(講武)일 때 더 많이 거행됐다. 이때 예조는 출정 시에 황제와 치우를 제사 지내지만 강무 때는 치우에게만 제사 지내 서로 구분된다고 언급했다. 다음은《세종실록》에서 마제를 지내는 대상에 대한 예조의 보고이다.

예조에서 계하기를, "전에 강무할 때에 마제를 지냄에 있어 황제 헌원씨(黃帝軒轅氏)를 제사하였으나, 옛날 법제인《두씨통전(杜氏通典)》을 상고하여 보니 주제(周制)에 정벌하는 현지에서 마제를 지낸다는 주(註)에 말하기를, '만일 정벌(征伐)하는 지방에 이르러 제사 지낼 때는 황제와 치우로 하고, 또 전수(田狩)하는 때는 다만 치우만 제사한다' 하였으니, 청하건대 지금부터는 강무장(講武場)의 마제를 주나라 제도에 따라 다만 치우에만 제사하소서" 하였다.

또 마제는 전쟁과 관련된 신을 모시는 제사였기에 일정한 제단이 없었다. 이와 관련해《성종실록》에 참조할 만한 기사가 보인다.

"주나라 제도에는 천자(天子)가 장차 정벌하려고 하는 땅에 나가서 마제를 지낸다 하였고,《시경(詩經)》〈황의편(皇矣篇)〉의 '유제(類祭)를 지내고 마제를 지낸다'는 주(註)에, '마제는 정벌하는 땅에 이르러 처음으로 군법(軍法)을 만든 자를 제사 지내는 것이다' 하였습니다. 지금《오례의》에는 단(壇)이 동북쪽 교외에 있는데 정벌하는 방향을 정하여 단을 설치한다고 실려 있으니, 옛 제도에 어긋납니다. 청컨대 단소(壇所)를 정하지 말고 정벌하는 곳에 이르러 터를 다듬어서 행제(行祭)하게 하소서."

그러나 이러한 언급은《국조오례의》에까지는 반영되지 않았으며, 조선의 마제는 출정이라는 특수한 상황보다 강무라는 일반적인 상황을 염두에 둔 채 구체적인 절차가 정해지게 됐다.

옛날 동북아시아 사람들은 죽어서 의지할 곳이 없는 귀신들이 초목에 빌붙거나 요괴가 되어 사람들을 위협한다고 생각했다.

이 때문에 한국의 민간설화에도 원혼에 관한 이야기들이 종종 발견되는데···

조선 왕실에서도 억울하게 죽은 원혼들에게 국가적으로 제사를 지내주었으니, 이를 여제(厲祭)라고 한다.

여제에서 모시는 귀신들을 무사귀신(無祀鬼神)이라고 한다.
무사귀신이란 자손이 끊겨 의지할 곳이 없고,
제사 또한 받지 못하는 귀신을 의미한다.

그런데 초월적인 존재이거나 축복을 내려주는 존재가 아닌데도
이들 무사귀신에게 제사를 지냈던 이유는 무엇일까?

23화
여제와 무사귀신

#괴담라디오 조선 왕실의 신화 | 조선시대 무사귀신 이야기

조회수 6,025회 · 2021. 12. 23.

👍 1.3천   👎 싫어요   ↗ 공유

조선엘프 TV
구독자 8.15천명

가입   구독

여단에서 모셨던 15종류의 귀신 이야기.

댓글이 사용 중지되었습니다. 자세히 알아보기

※실제 존재하는 채널 아님

조선 건국 초기, 태종 즉위년에
개성 수창궁(壽昌宮)에 화재가 발생했다.

태종은 이 사건을 재난으로 간주하고
신하들과 대책을 논의했는데

신하들은 여제를 지내 귀신들의 '원통한 기운(怨氣)'을 풀어주어
향후 발생할지도 모르는 재난을 미리 방지하자고 하였다.

여제에서 모신 귀신의 종류는 다음과 같다.

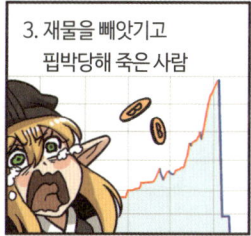

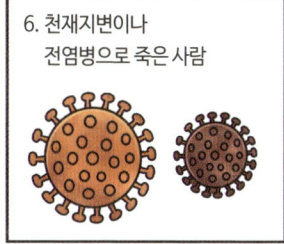

여제는 다른 제사와 구별되는 특징을 가지고 있는데
제사의 주신과 제사를 받는 대상이 일치하지 않는다는 것이다.

여제의 주신인 성황신은 신들의 위계질서 속에서
저승으로 파견된 지방관 역할을 했기 때문에
무사귀신과 소통하거나 통제할 권한이 있다고 봤다.

이러한 이유로 본격적인 제사에 앞서
여제의 주신인 성황신에게 발고제(發告祭)를 지내
제사가 봉행됨을 미리 알렸던 것이다.

아울러 제사의 주관자인 국왕과 무사귀신은
상하 관계를 확실하게 드러내고 있었는데

무사귀신에게 제사를 지낼 때 읽는 제문(祭文)을
축문(祝文)이 아닌 교서(敎書)라고 부른 것이 그 증거이다.

또한 신에게 올린 술을
다시 받아 마시는 음복례도 생략했다.

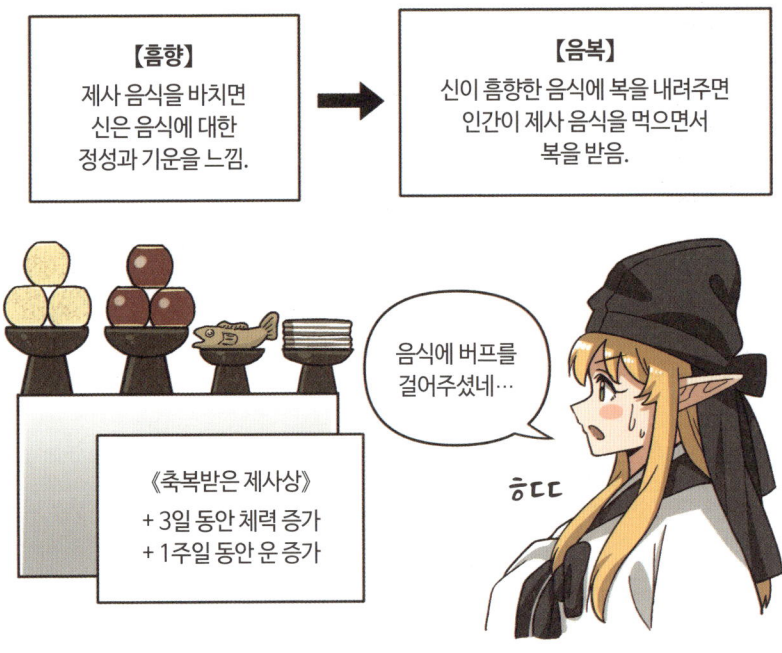

이것은 여제가 억울한 귀신들을 위로하고
구휼하는 성격을 띠고 있었기 때문이다.

이러한 여제를 통해 유교의 사후 관념을 엿볼 수도 있다.
즉, 유교에서는 완전한 죽음이 점진적으로 진행되며···

혼백이 유지되는 동안은 개개인의 존재로서 불멸한다고 믿었고,
그 기간은 '기억해주는 후손의 유무'에 따라 달라진다고 보았다.

결론적으로 여제라는 것은 유교적인 위령제라고 볼 수 있는데

인생을 온전히 살지 못해 생긴
무사귀신들을 위로하는 구휼의 특성을 띠면서도

무사귀신들이 일으키는 재앙을 예방하려는 이례적인 제사였던 셈이다.

재난을 방지하던 제사, 여제

여제(厲祭)를 단순히 '무사귀신에 대한 제사'라고 규정한다면 조선시대에 새로 등장한 제사가 아니다. 무사귀신으로 이해되어온 '여귀'와 그에 대한 제사는 이전의 국가 사전에서도 여럿 발견되기 때문이다. 또 조선의 종묘에 모셔진 칠사(七祀) 중 공려(公厲) 또는 태려(泰厲)도 이에 해당하는 것이었다.

그러나 조선의 사전 체제에서 나타난 여제는 칠사에 나타난 공려의 성격, 즉 '후손이 없는 귀신'에 대한 제사일 뿐만 아니라 독립적 성격을 가진 제례였다. 여제는 북교(北郊)에서 해마다 청명일과 7월 15일, 10월 1일에 거행했는데, 성황신을 주신으로 모시고 제사가 치러졌다. 또 여러 제사에 공통적으로 나타나는 음복(飮福) 절차가 생략돼 있다. 이는 여제가 길례(吉禮)의 범주에 합당한 신이 아님을 나타내는 것이라 할 수 있다.

조선시대 국가 제례는 길례였다. 이는 신과의 만남이 상서롭고 즐거운 일임을 드러내는 표현이다. '근본에 보답하고 처음으로 돌아가는 것(報本反始)'으로 설명되는 유교의 전통적 해석에 비추어 볼 때 여제는 음복이 없었으므로 여귀가 복의 기원이 아님을 의미한다. 원혼으로서 사람에게 해를 끼치는 여귀에게 복을 구하는 것은 실제로도 어려운 일이었을 것이다. 그런데도 이러한 여귀에 대한 제사가 길례, 또 국가 제례인 사전 체제에 속했다는 것은 매우 독특한 현상이며, 당연히 이에 따른 해석이 있어야 한다.

제사가 복을 가져다주는 길례라는 관념은 사전의 제사 대상 선택 기준인 공덕의 이념과 관련이 있다. 공덕의 이념이란 국가 제례에 모셔질 수 있는 대상이 인간 생존에 필요한 것을 공급해주는 신, 백성의 삶을 풍요롭게 한 신이나 인물, 나라에 공을 세운 인물이라는 주장을 가리킨다.

국가 제례가 이처럼 인간의 삶을 풍요롭게 하고 인간다움을 실현하는 데 모범을 보여준 신들에게 감사하고 보답하는 의례라면,

종로구에 소재한 한양도성 여단 터 표지석

사전에 수록되지 못한 제사, 곧 음사(淫祀)는 공덕이 없는 신에게 지내는 제사라고 해석할 수 있다. 음사의 대표적인 예가 바로 무속에서 자주 볼 수 있는 원혼에 대한 제사이다. 무당은 억울하게 죽은 사람의 원혼을 풀어줄 뿐만 아니라 원혼을 자신의 주신(主神)으로까지 삼았다.

국가 제례 체제가 기본적으로 공덕을 기준으로 이뤄진 것이라면 인간에게 해를 끼치는 원혼이나 무사귀신은 사전의 대상에서 제외될 수밖에 없었다. 그런데도 여귀가 사전 체제에 편입된 것은 바로 '구휼'의 성격 때문이다. 의지할 곳이 없어 떠도는 원혼들을 위해 제단을 만들어주고 해마다 3번씩 제사를 지내줌으로써 그들의 혼을 안착시키는 역할을 대신한 것이다. 이것은 외롭고 의지할 데 없는 백성을 구휼하자는 어진 정치(仁政)의 이념이 죽은 사람의 영혼에까지 확대 적용된 것으로 볼 수 있다.

그러므로 조선시대 국가 제례의 세계는 사람에게 혜택을 주고 모범을 보이는 신들만의 세계가 아니라 국가가 돌보아야 하는 대상까지도 포괄하는 세계라 할 수 있다. 여귀의 존재와 여제 시행은 더 나아가 2가지 의미로 정리할 수 있다.

첫째, 이 세상에 공덕이나 선한 방향으로 표현되는 힘만 존재하는 것이 아니라 부정적 힘이 존재한다는 사실에 대한 인정이다. 다시 말해 어떤 형태든 인간의 주위에는 삶을 파괴하려는 의지를 갖춘 영적인 존재가 있음을 긍정한 것이다. 무사귀신의 신위가 보여주는 여러 죽음의 사례는 선과 악의 구별을 넘어선다. '권선징악(勸善懲惡)'이라는 유교 도덕의 기본 원칙만으로는 감당할 수 없었기에 국가와 지배계층이 이것을 근본적인 사회원리를 파괴할 수 있는 대상으로 승인한 것이다.

둘째, 여제를 통해 부정한 힘을 현세의 사회적 권력관계에 안착시키려는 의도를 보여준다. 무사귀신의 신위는 성황신을 주신으로 모시기에 양옆에 좌우로 나란히 놓였다. 이것은 부정한 힘을 숭배 대상으로 간주하지 않음을 의미한다. 비록 그 힘은 인정하지만 현실의 권위체계를 무너뜨리지 않는 범위 내에서 수용하는 것이다. 교서를 제문으로 내리는 것 또한 제사를 주관하는 자가 상위에 있고 제사를 받는 자가 하위에 있음을 상징적으로 드러낸다. 국왕은 이처럼 불명확한 힘을 현실세계의 사회관계 안으로 받아들임으로써 교화와 위로의 주체로 자신을 정립할 수 있었던 셈이다.

1897년(광무 원년) 10월 12일, 조선의 왕 고종이
원구단(圜丘壇)에서 대한제국을 선포하고 황제로 즉위했다.

고종의 즉위 소식을 접한 열강은 대체로 냉담한 반응을 보였으나
얼마 안 가 대한제국을 인정하고 새로운 외교 관계를 수립하게 된다.

1899년 한청통상조약(韓淸通商條約)을 체결하면서
대한제국을 공식적으로 인정하게 된다.

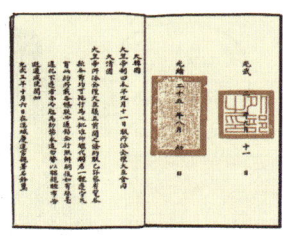

대한국·대청국 통상조약
(大韓國·大淸國通商條約)

청나라와 대등한 관계를 수립한 대한제국은
기존의 제후국 체제에서 벗어나
황제국에 걸맞은 새로운 체제를 만들기 시작했고

◀《대한예전(大韓禮典)》
대한제국의 새로운 예법서

이 과정에서 자연스레 신들의 위계도
황제급으로 변하게 된다.

대한제국의 가장 핵심적인 제사는 원구단 제사라고 할 수 있다.

신들의 위패를 보관하는
황궁우(皇穹宇)

제사가 이루어지는 공간인
원구단(圜丘壇)

원구단은 우주 만물의 주재자인 상제(上帝)와
하늘의 천신들에게 제천례를 지내는 공간으로

조선 세조 때는
'호천상제(昊天上帝)',
대한제국에서는
'황천상제(皇天上帝)'라고 했지.

유교의 주신 황천상제 ▶

제천례는 오직 황제만이 주관할 수 있었던지라
원구 제례는 그 자체만으로도
매우 상징적인 의미를 지니고 있다.

진정한
중화의 계승자는
대한제국이며,

천명(天命)은
대한제국에 있고,

대한제국은
자주독립
국가다!

대한제국의 원구단은 천신을 포함하여 지기와 인귀에 해당하는
다양한 신을 동시에 모셨다는 점이 특징인데

먼저 천신에는 황천상제, 지기에는 황지기(皇地祇),
인귀에는 태조 이성계를 배향하여 3신으로 삼았고

천신의 대표
황천상제

지기의 대표
황지기

인귀의 대표
태조 고황제
(이성계)

태양의 신 대명과 달의 신 야명을 추가로 배향하여 새롭게 모셨다.

이뿐만 아니라 오성(五星)으로 통칭되는
목성·화성·토성·금성·수성의 신들도 추가했으며

별의 신인 북두칠성(北斗七星)과 주천성신(周天星辰)에도 제사를 지냈다.

북두칠성을 상징하는 칠성신(七星神)

주천성신은 하늘에 떠 있는 수많은 별을 뭉뚱그려서 말하는 것입니다.

북두칠성이나 이십팔수도 주천성신에 포함된대요!

주천성신 가운데 이십팔수(二十八宿)는
따로 위패를 설치해
특별히 모셨다.

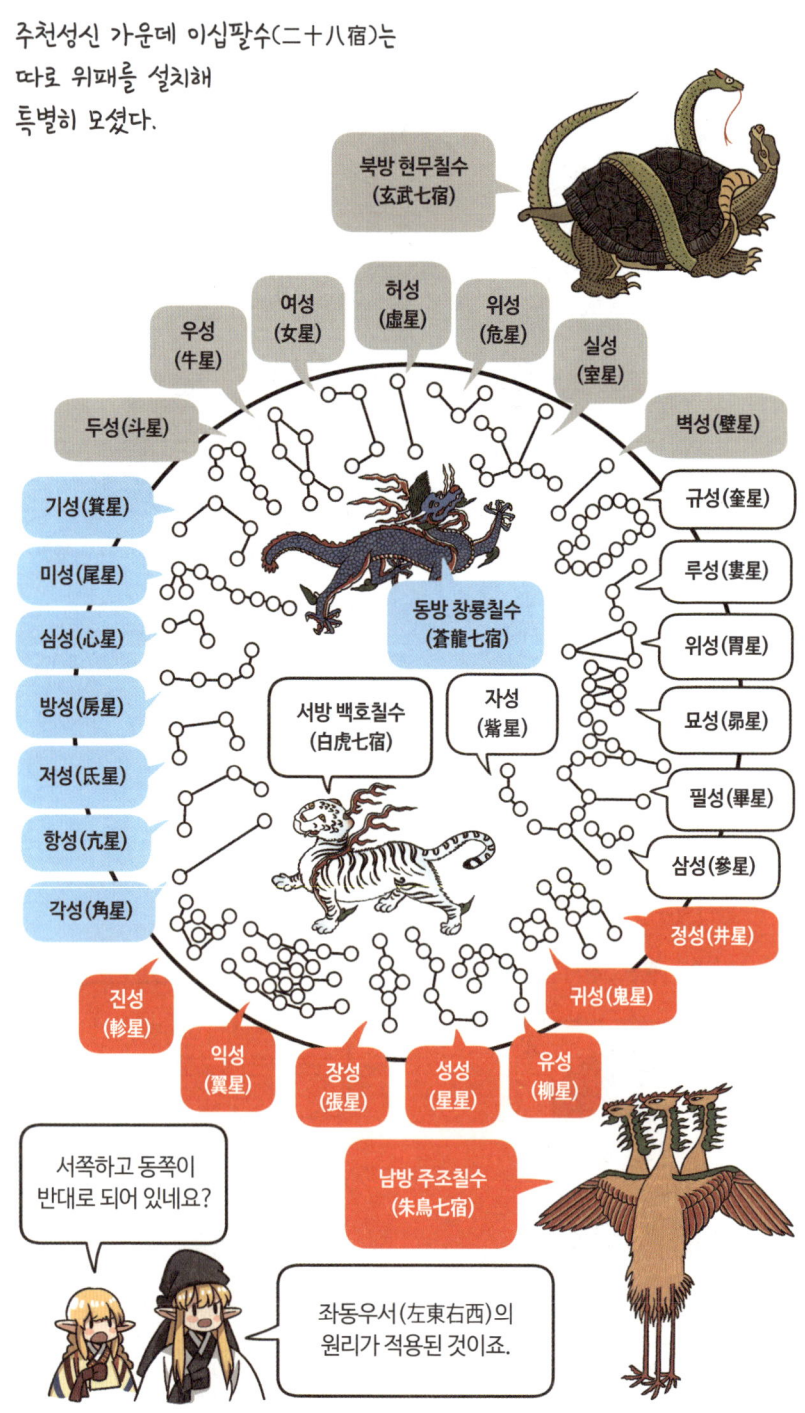

이처럼 원구단을 통해 새롭게 모시게 된 신들도 있는 반면,
기존에 모시던 신들이 승급하거나 변화하는 경우도 있었는데

사직단에서 모시던 국사와 국직이
각각 태사와 태직으로 위계가 높아진 사례가 대표적이며

날씨의 신인 풍백, 운사, 뇌사, 우사는
산천단에서 원구단으로 위치가 변경된다.

또한 기존의 사악·삼해·사독의 악해독을
황제국 체제에 맞추어 오악·사해·사독으로 바꾸었고

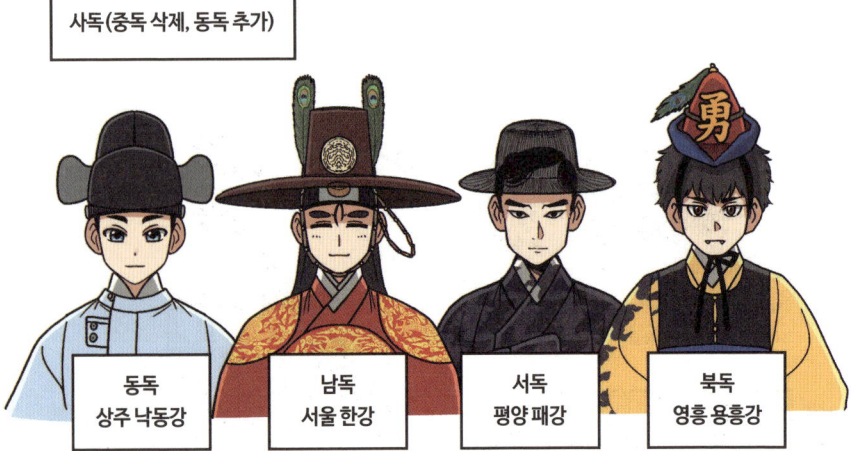

기존에 없었던 오진(五鎭)을 새롭게 추가했다.

대한제국은 이처럼 제사를 추가·보완하면서
황제국으로서의 자주독립을 표방하고 백성의 안녕을 기원했던 것이다.

천신 제사는
'민심은 곧 천심'이라는
유교 관념과
관련이 있답니다.

이러한 조선의 신들은 일제의 국권 침탈로 인하여
자칫 사라질 위기에 처하기도 했다.
그럼에도 불구하고 오늘날까지
그 원형이 전해질 수 있었던 배경에는
전통문화를 지키고자 노력했던 수많은 사람의 노력이
숨어 있음을 잊지 말아야 할 것이다.

미완의 제국과 함께 미완으로 남은 예서, 《대한예전》

　한국사 최초의 근대적 법제인 《대한국국제(大韓國國制)》에는 고종이 중시했던 가치가 짙게 배어 있다. 고종이 중시한 것은 유교 이념에 입각한 황제권 강화였고, 대다수 신민(臣民)의 절대적 복종을 전제로 삼았다. 《대한예전(大韓禮典)》역시 달라진 황제국의 위상에 맞춰 새로운 예제를 반영했으며, 명나라의《대명회전(大明會典)》에서 기준을 취함과 동시에 근대적 의전제도도 구비했다.

　그러나 《대한예전》의 상당 부분은 규정상으로만 존재하고 단지 상징적인 예제로서만 명시된 측면이 자주 발견된다. 이는 군주권에 관한 문제를 굳이 법제를 통해 규정하지 않아도 되는 상황에서 《대한국국제》를 통해 황제권을 명시하고 절대화해나간 점과 동일한 맥

락이다. 즉 유교적 정치 이념을 배경으로 예제와 법제 양쪽 면에서 황제권의 숭고함과 절대화를 표상하긴 했으나 아직 상징적이고 선언적인 차원에 머물러 있었다.

대한제국기 고종이 추구한 정치 이념은 집권 초기에 표방한 동도서기(東道西器) 정치사상과 개혁론을 계승했다. 고종이 1882년(고종 19) 임오군란을 수습한 뒤 개혁을 표방할 때만 하더라도 동도, 즉 유교 이념은 군주권의 위상과 사회적 위계를 지켜주는 이데올로기로 작동할 수 있었다. 그런데 광무개혁(光武改革) 추진과 함께 수용되기 시작한 '서기'는 유교 이념에 기대어 수호해오던 군주권의 지위를 위협하며 그 존재 가치에 지속적으로 도전했다.

대외적으로는 러·일의 각축에 시달리면서 자주독립국으로서의 국가적 자존과 지위를 지켜내지 못하는 약소국가의 군주라는 점이 그 지위의 숭고함과 절대성에 충격을 주었다. 또 대내적으로는 유교적 통치 이데올로기가 이전의 전통시대와 이미 다른 지점에 와 있었기에 군주를 정점으로 하는 사회적 위계질서의 이념적 버팀목이 되기 어려웠다.

한편으로 유교 이념에 기초하여 《대한예전》을 편찬하고 《대한국국제》를 제정해나간 것은 유교가 확고한 지배 이데올로기가 될 수 없는 상황을 인식하면서도, 여전히 유교를 정치·사회적 태도로 삼고 나가겠다는 상징적 행위라 볼 수 있다.

이처럼 사회적으로 퇴색되어가는 유교에 기반하여 예제와 법제를 마련하고 있었기에 고종은 위기와 불안 속에서 현상 유지를 위한 황제권 강화에 더욱 몰입하는 보수성을 드러냈다. 광무개혁이라는 이름으로 사회·경제적 개혁을 추진했으나 이것이 국민을 위한 개혁으로 나아가지 못한 점에서 개혁의 보수성이

《대한예전》 ⓒ 한국학중앙연구원

여실히 드러난다. 고종은 황제 중심의 전제권을 공고히 하는 것이 부강의 길로 나아가는 방법이라 생각했다. 이런 생각을 구체화하고 내외에 표방할 수 있는 것은 예제와 법제밖에 없었다.

결국 《대한예전》에 근거한 황제국의 전례는 그 시작부터 한계를 지닐 수밖에 없었고, 제국이 미완의 개혁을 성공시키지 못하고 패망을 맞이하면서 《대한예전》 또한 미완의 예전으로 남았다.

【 에필로그 】

어렸을 때 할머니 할아버지가 저를 많이 돌봐주셨어요. 저는 잔병치레가 잦았는데 그때마다 할머니는 절과 무당집에 가서 기도를 올리곤 하셨죠. 저는 그런 할머니가 이해되지 않았고, 미신이라는 생각에 안 좋게 보기도 했습니다. 하지만 역사를 배우고 전통문화의 뿌리를 알아가면서 당시 할머니의 마음이 점점 이해되기 시작했어요.

사람은 자신의 경험을 바탕으로 세상을 이해하는 것 같습니다. 민주주의 세상에 살아가는 우리는 왕실과 신분제를 잘 이해할 수 없고, 4차 산업혁명의 터널을 지나고 있는 지금 농사가 모든 것의 근본이었던 사회를 떠올리기는 힘들죠. 당장 부모 세대의 생각을 읽기도 힘든 마당에 조선시대 사람들의 생각을 온전히 이해하는 건 무리일지도 모릅니다.

'유교 신화'나 '조선 왕실의 신화'라는 말을 처음 들으면 대부분 '우리한테 이런 게 있었나?' 하고 낯설어합니다. 저 또한 이 주제를 처음 접했을 때 상당한 충격을 받았어요. 하지만 문화에 관심을 갖고 공부를 시작하면서 고정관념이 깨지기 시작했습니다. 당시 지배 계층과 지식인들이 500년 동안 향유하던 문화를 다시 돌아보게 됐죠. 처음엔 누구에게나 생소할 거예요. 하지만 우리가 편견을 버리고 조금씩 알아가는 동안 잊혔던 우리의 전통문화가 다시 빛을 발하리라 믿습니다.

이 책은 저의 데뷔작이자 정식 출간되는 첫 출판물입니다. 여러 모로 부족한 작품인데도 많은 분들이 봐주시고 응원의 메시지까지 보내주셔서 정말 기뻤습니다. 각종 사료와 자료 검증에 도움을 주신 전인혁 선생님, 복식 도감 감수를 봐주신 권병훈 선생님께 깊은 감사를 드립니다. 함께해주신 모든 분께도 감사 인사를 드립니다. 고맙습니다.

돌아가신 할머니에게 이 책을 바치며
2022년 2월 우용곡

【 참고문헌 】

단행본
- 가지 노부유키, 이근우 옮김, 《침묵의 종교 유교》, 경당, 2002.
- 강문식·이현진, 《종묘와 사직》, 책과함께, 2011.
- 강제훈 외, 《조선 전기의 국가 의례와 의주》, 민속원, 2015.
- 강제훈 외, 《종묘, 조선의 정신을 담다》, 국립고궁박물관, 2014.
- 고려대 민족문화연구원 한국사상연구소, 《자료와 해설 한국의 철학사상》, 예문서원, 2001.
- 국립문화재연구소, 《석전대제》, 계문사, 1998.
- 금장태, 《귀신과 제사》, 제이앤씨, 2009.
- 금장태, 《유교사상과 종교적 세계》, 한국학술정보, 2004.
- 금장태, 《유교의 사상과 의례》, 예문서원, 2000.
- 김기, 《음양오행설과 주자학》, 문사철, 2013.
- 김기, 《음양오행설의 이해》, 문사철, 2016.
- 김남이 외, 《조선 중기 예학 사상과 일상 문화》, 이화여자대학교출판문화원, 2008.
- 김동욱, 《종묘와 사직》, 대원사, 2005.
- 김문식 외, 《왕실의 천지제사》, 돌베개, 2011.
- 김미영, 《유교의례의 전통과 상징》, 민속원, 2010.
- 김아네스, 《고려의 국가제사와 왕실의례》, 경인문화사, 2019.
- 김용천·최현화 역주, 《천지서상지》, 예문서원, 2007.
- 김인희, 《치우, 오래된 역사병》, 푸른역사, 2017.
- 김일권, 《우리 역사의 하늘과 별자리》, 고즈윈, 2008.
- 김지영, 《정조의 예치》, 휴머니스트, 2020.

- 김철웅,《한국중세 국가제사의 체제와 잡사》, 한국연구원, 2003.
- 김철웅,《한국중세의 길례와 잡사》, 경인문화사, 2007.
- 김해영,《조선초기 제사전례연구》, 집문당, 2003.
- 대한제국 사례소, 임민혁 외 옮김,《국역 대한예전》상.중.하, 민속원, 2018.
- 마슈티엔, 윤천근 옮김,《중국의 삼백신》, 민속원, 2013.
- 미조구치 유조 외, 김석근 외 옮김,《중국 사상 문화 사전》, 책과함께, 2011.
- 미조구치 유조, 최진석 옮김,《중국사상 명강의》, 소나무, 2004.
- 박미라,《한국의 단군 문헌》, 덕주, 2019
- 박정원,《신이 된 인간들》, 민속원, 2018.
- 박종천,《예, 3천년 동양을 지배하다》, 글항아리, 2011.
- 반고, 신정근 옮김,《백호통의》, 소명출판, 2005.
- 법제처,《국조오례의》1-5, 법제처, 1981.
- 서울특별시,《성균관 문묘의 세계 유산적 가치》, 서울책방, 2016.
- 송호정,《단군, 만들어진 신화》, 산처럼, 2004.
- 신명호,《조선 왕실의 의례와 궁중문화》, 돌베개, 2002.
- 신정근,《동중서 중화주의 개막》, 태학사, 2004.
- 아사노 유이치, 신정근 외 옮김,《공자신화》, 태학사, 2008.
- 여불위, 정하현 옮김,《여씨춘추》, 소명출판, 2011.
- 오세옥·김기빈,《사직서의궤》, 한국고전번역원, 2012.
- 오이환,《중국 고대의 천과 그 제사》, 문사철, 2015.
- 우경섭,《조선중화주의의 성립과 동아시아》, 유니스토리, 2013.
- 원재식,《문묘석전의》, 전통문화사, 2005.
- 위앤커, 전인초 옮김,《중국신화전설》1-2, 민음사, 1999.
- 위앤커, 정석원 옮김,《중국의 고대신화》, 문예출판사, 2012.
- 윤한주,《한국의 단군 사묘》, 덕주 2019
- 이문영,《유사역사학 비판》, 역사비평사, 2018.
- 이범직,《한국중세예사상연구》, 일조각, 1991.
- 이성구,《중국고대의 주술적 사유와 제왕통치》, 일조각, 1997.

- 이용범 외,《가야진 가야진사 가야진 용신제》, 민속원, 2018.
- 이욱 외,《대한제국의 전례와 대한예전》, 한국학중앙연구원출판부, 2019.
- 이욱 외,《조상제사 어떻게 지낼 것인가》, 민속원. 2012.
- 이욱,《조선 왕실의 제향 공간》, 한국학중앙연구원출판부, 2015.
- 이욱,《조선시대 재난과 국가의례》, 창비, 2009.
- 이현진,《조선후기 종묘 전례 연구》, 일지사, 2008.
- 임계유 편, 금장태·안유경 옮김,《유교는 종교인가》1-2, 지식과교양, 2011.
- 임민혁,《조선의 예치와 왕권》, 민속원, 2012.
- 임채우,《한국의 단군 영정》, 덕주, 2019
- 임채우·박미라,《한국의 단군 자료》, 덕주, 2019
- 젊은역사학자모임,《한국 고대사와 사이비역사학》, 역사비평사, 2017.
- 정옥자,《조선후기 조선중화사상연구》, 일지사, 1998.
- 정재서,《산해경》, 민음사, 1996.
- 정재서,《이야기 동양신화 중국편》, 김영사, 2010.
- 지두환 외,《사직대제》, 민속원, 2007.
- 지두환 외,《조선의 국가의례, 오례》, 국립고궁박물관, 2015.
- 최순권·임승범,《종묘제례》, 민속원, 2008.
- 최종성,《기우제등록과 기후의례》, 서울대학교출판부, 2007.
- 최종성,《조선조 무속 국행의례 연구》, 일지사, 2002.
- 표정훈,《하룻밤에 읽는 동양 사상》, 랜덤하우스, 2010.
- 하신, 홍희 옮김,《신의 기원》, 동문선, 1999.
- 하워드 J. 웨슬러, 임대희 옮김,《비단같고 주옥같은 정치》, 고즈윈, 2005.
- 한국고전번역원, 선종순 옮김,《종묘의궤》1-2, 김영사, 2009.
- 한국사상사연구회,《조선유학의 개념들》, 예문서원, 2002.
- 한국역사연구회,《한국 고대사 산책》, 역사비평사, 2017.
- 한국종교사연구회,《성황당과 성황제》, 민속원, 1998.
- 한승훈,《무당과 유생의 대결》, 사우, 2021.
- 한정수,《한국 중세 유교정치사상과 농업》, 혜안, 2007.

- 한형주 외,《조선의 국가 제사》, 한국학중앙연구원, 2009.
- 한형주,《밭 가는 영조와 누에 치는 정순왕후》, 한국학중앙연구원출판부, 2013.
- 한형주,《조선초기 국가제례 연구》, 일조각, 2002.
- 한형주,《종묘와 궁묘》, 민속원, 2016.
- 허흥식,《한국 신령의 고향을 찾아서》, 집문당, 2006.

도록·보고서
- 국립고궁박물관,《왕실문화도감: 국가제례》, 디자인인트로, 2017.
- 국립고궁박물관,《왕실문화도감: 궁중악무》, 휴먼컬처아리랑, 2015.
- 국립고궁박물관,《왕실문화도감: 조선왕실복식》, 디자인인트로, 2013.
- 국립민속박물관,《한국의 제사》, 국립민속박물관, 2003
- 궁중유물전시관,《종묘대제문물》, 예맥, 2004
- 문화재청,《사직단 복원정비 계획》, 고려문화사, 2014
- 서울역사박물관,《성균관과 반촌》, 서울책방, 2019.
- 서울역사박물관,《우리의 삼국지 이야기》, 씨마스커뮤니케이션, 2008.
- 종로구청,《문묘일원과 석전대제》, 영진기획, 2003.

논문
- 김영두,〈중종대 문묘종사 논의와 조선 도통의 형성〉,《사학연구》85, 한국사학회, 2007.
- 김지영,〈조선 후기 관왕묘 향유의 두 양상〉,《규장각》49, 서울대학교 규장각한국학연구원, 2016.
- 김한신,〈중국 후토 신앙의 변천과정: 한 대~당대 후토 이미지의 역사적 변천과정 고찰〉,《중국고중세사연구》37, 중국고중세사학회, 2015.
- 김현자,〈고대중국의 신성 왕권, 그 신화와 의례 및 상징물들〉,《역사민속학》23, 한국역사민속학회, 2006.
- 남호현,〈조선후기 관왕묘에 대한 인식의 전환과 그 의미〉,《역사와현실》101, 한국역사연구회, 2016.

- 설석규, 〈조선시대 유생의 문묘종사 운동과 그 성격〉, 《조선사연구》 3, 조선사연구회, 1994.
- 송지원, 〈조선시대 별에 대한 제사, 영성제와 노인성제 연구〉, 《규장각》 30, 서울대학교 규장각한국학연구원, 2007.
- 이성호, 〈최충에 대한 역대 인식 변화와 문묘종사 논의의 이해〉, 《역사와경계》 82, 부산경남사학회, 2012.
- 이욱, 〈종묘의 공민왕 신당과 수복 연구: 일제강점기 《종묘일지》와 《대방하기》를 중심으로〉, 《종교문화비평》 40, 한국종교문화연구소, 2021.
- 장경희, 〈동관왕묘의 조각상 연구〉, 《문화재》 46권 3호, 국립문화재연구소, 2013.
- 장장식, 〈서울의 관왕묘 건치와 관우신앙의 양상〉, 《민속학연구》 14, 국립민속박물관, 2006.
- 정재훈, 〈조선후기 사서에 나타난 중화주의와 민족주의〉, 《한국실학연구》 8, 한국실학학회, 2004.
- 지두환, 〈조선전기 문묘의례의 정비과정〉, 《한국사연구》 75, 한국사연구회, 1991.
- 한형주, 〈조선시대 '역대시조묘'에 대한 의례적 고찰〉, 《국학연구》 39, 한국국학진흥원, 2019.
- 한형주, 〈조선시대 선잠의례와 왕비의 친잠〉, 《역사와실학》 70, 역사실학회, 2019.

사료

- 《국조속오례의》
- 《대한예전》
- 《삼재도회》
- 《시경》
- 《조선왕조실록》
- 《천문류초》
- 《국조오례의》
- 《맹자》
- 《서경》
- 《예기》
- 《주례》
- 《춘관통고》
- 《논어》
- 《사기》
- 《승정원일기》
- 《의례》
- 《주역》
- 《한서》

사이트

- 동양고전종합 DB http://db.cyberseodang.or.kr
- 실록위키 http://dh.aks.ac.kr/sillokwiki
- 조선시대법령자료 DB http://db.history.go.kr/law/
- 한국고전종합 DB https://db.itkc.or.kr
- 한국민속대백과사전 https://folkency.nfm.go.kr
- 한국민족문화대백과사전 https://encykorea.aks.ac.kr
- 한국사데이터베이스 http://db.history.go.kr
- 한국향토문화전자대전 http://www.grandculture.net